Parson Jack Russell

von Eva Struck

CADMOS HUNDEBÜCHER

Danksagung

Ich bedanke mich bei allen, die mir mit
Rat und Tat zur Seite standen:

Andrea Mißfeld, Martina Thomas, Jürgen Fritsch, Wiebke Steen, Dr. Doris Milkert, Renate Eberts, Barbara Richter, Dr. Wilfried Peper, Elke Peper und Heidi Christensen aus Dänemark und ganz besonders bei Dierk Friemann, denn er hat mir immer geholfen, wenn ich mit dem PC nicht weiterkam.

Dieses Buch ist meinem Ehemann, Karl-Joachim Struck und meinem Vater, Rolf Purat, gewidmet.

Cadmos Verlag GmbH, Lüneburg

Titelfoto: Gaby Abels
Gestaltung: Ravenstein Brain Pool
Druck: Grindeldruck, Hamburg

Printed in Germany

ISBN 3-86127-714-X

Vorwort

Die meisten Bücher über den Parson Jack Russell konzentrieren sich allein auf seine Begabung und Verwendung als Jagdgebrauchshund. Aber dieser kleine Terrier wird zu Recht auch als Familienhund immer beliebter. Deshalb werden Sie in diesem Buch zwar etwas über seinen Jagdinstinkt erfahren, vorgestellt aber wird der Parson Jack Russell hier nur als Familienhund.

Es ist geschrieben für Menschen, die diesen liebenswerten Hund überhaupt erst kennen lernen möchten, bzw. mehr über ihn erfahren wollen, oder wissen möchten, was man alles mit dieser Rasse machen kann, wenn man ihn „nur" als Familien- und Begleithund hält. Sie werden sehen, der Parson Jack Russell Terrier hat viele Begabungen, die noch kaum bekannt sind. Oder wussten Sie, dass dieser Terrier z. B. auch ein hervorragender Rettungshund sein kann?

Seine Intelligenz und Verspieltheit bringen den Parson Jack Russell Terrier in letzter Zeit immer öfter in TV-Werbespots, wo er meist als Clown agiert, der ja sooo niedlich und frech aussieht. Dadurch entsteht leider ein etwas schiefes Bild dieser Rasse. Denn niemand sollte diesen Terrier unterschätzen. Wenn der Parson Jack Russell eines nicht ist, dann ist das ein Schoßhund!

Das glückliche Zusammenleben mit ihm setzt bei seinem Halter Persönlichkeit und Vitalität voraus. Von beidem hat auch der Parson Jack Russell reichlich. Er ist ein Hund, der seinen Menschen voll und ganz fordert.

Wer ihn als Hunde-Partner wählt, lässt sich auf ein Abenteuer ein, das gut 15 Jahre währen kann. Dieses Buch soll dazu beitragen, dass es glückliche Jahre werden.

Die Geschichte des Parson Jack Russell Terriers

Zugegeben, „Pfarrer Jack Russells Terrier", wie die Übersetzung seines englischen Namens lautet, ist ein ungewöhnlicher Name für eine Hunderasse. Aber er trifft zu. John Russell (Kosename = Jack), wurde 1795 in Dartmount, in der Grafschaft Devon, als Sohn eines Pfarrers geboren. Sein Vater widmete sich in seiner Freizeit vollkommen der Treibjagd zu Pferd und der Parforcejagd, bei der eine Meute voller Hunde das Wild hetzte.

Auch der junge John Russell interessierte sich bald nur noch für die Jagd und alles, was damit zu tun hatte.

Schon in der Internatsschule in Devonshire hatten Russell und einige Freunde ein Hunderudel und eine Absprache mit den örtlichen Farmern: Die Schuljungen sagten zu, die Farmen von Füchsen, Wieseln, Ratten und anderem „Raubzeug" freizuhalten und die Farmer sowie der örtliche Schmied sorgten als Gegenleistung für die Hunde.

1815, während seines Theologiestudiums in Oxford, kaufte John Russell seine erste Terrierhündin. Er traf sie zufällig auf der Straße, als er sich eigentlich einen ruhigen Platz zum Lernen suchen wollte. Stattdessen verhandelte John Russell auf der Stelle mit dem Milchmann, dem die Hündin gehörte, und ging nicht eher, bis der ihm „Trump" verkaufte. Sie war weiß, mit braunen Abzeichen über jedem Ohr und Auge und einem pennygroßen Fleck auf der Schwanzwurzel. Damit entsprach sie schon

John Russell wollte den perfekten Terrier für die Fuchsjagd züchten: unerschrocken, ausdauernd und zäh. (Foto: Gaby Abels)

in wesentlichen Punkten dem heutigen Rassestandard. In der Sattelkammer von Schloss Sandringham, im Besitz der Queen, hängt heute noch ein Bild dieser Hündin, die zum Ausgangspunkt von John Russells Terrier-Zucht wurde. Das Bild zeigt, dass Schwanz und Ohren von „Trump" kupiert waren, was John Russell zu dem Kommentar veranlasste, dass er weder vorher noch nachher je einen so misshandelten Hund besessen habe. Er selber kupierte seine Hunde nie (was später mit ein Grund dafür war, warum seine Hunde nicht auf Ausstellungen gingen).

1819 wurde John Russell zum Pfarrer (engl. Parson) ernannt. In Nymet St. George, in Cornwall, bekam er seine erste Stelle als Hilfspfarrer. Und dort konnte er sich seinen Leidenschaften, der Jagd mit den Hunden und der Jagdterrierzucht voll und ganz hingeben, was ihm bei den Mitgliedern seiner Pfarrgemeinde schnell den Spitznamen „Hunting Parson" („jagdbesessener Pfarrer") einbrachte.

John Russell hatte schon immer eine eigene Vorstellung von dem, wie ein guter Terrier aussehen sollte. Sein oberstes Zuchtziel aber war die Arbeitstauglichkeit der Hunde, ihre Verwendung bei der Jagd, erst in zweiter Linie kam für ihn das typische Rassebild. Er wollte einen Hund, der den Fuchs aus seinem Bau holte, ihn über Stock und Stein hetzte, nach 20, 30 Kilometern immer noch nicht müde war und dem auch Wind und Wetter nichts ausmachten. Viele Leute in England züchteten damals Terrier für die Fuchsjagd. Aber niemand tat es mit einer solchen Konsequenz und über einen so langen Zeitraum von mehr als 50 Jahren.

Es war üblich, dass Terrierleute mit Hunden aus ihrer Umgebung züchteten. John Russell aber kaufte auch aus anderen Gegenden bodenständige Terrier, um sie in seine Zucht einzukreuzen. Sein Schwiegervater und Großvater züchteten ihre Hunde in New Forest, wo die Brockenhurst-Terrier herkamen. Von dort und aus Jagdzwingern in Devon bezog Russell sein Zuchtmaterial. Er nahm mit anderen einfarbigen oder bunt gefleckten Arbeitsterriern die unterschiedlichsten Einkreuzungen vor.

1873 dann war John Russell Mitbegründer des Kennel Clubs (KC), des englischen Hundezucht-Verbandes, mit dem die moderne Hunde-Rassezucht erst begann, denn nun wurden für die einzelnen Rassen zum ersten Mal Rassestandards aufgestellt, in denen das ideale Erscheinungsbild, Größe, Aussehen, Fellfarben, Charakter etc. festgeschrieben wurden. Außerdem mussten Hunde, die auf Schauen des Kennel Club gezeigt wurden, dort auch registriert sein. Terrier zur Fuchsjagd, wie sie John Russell züchtete, wurden damals allgemein „Foxterrier" genannt. So wurden auch Hunde aus seiner Zucht als „Foxterrier" beim Kennel Club eingetragen, und John Russell war Zeit seines Lebens als Züchter und Richter dieser Rasse ein sehr geachteter Mann (wie übrigens auch als Pfarrer). Er bemühte sich aber nie um Anerkennung seiner Zucht als eigenständige Rasse.

So sind die beiden wichtigsten Liniengründer des Parson Jack Russell Terriers, die Rüden „Tartar" und „Old Jock" es ebenso bei der Glatthaar-Foxterrierzucht, die sich jedoch immer mehr von John

Russells Hunde-Typ entfernte. John Russell führte sehr genaue Aufzeichnungen über alle seine Hunde. Am Ende seines Lebens gab er fast alle weg (verschenkte sie). Nur vier seiner Hunde waren bei ihm, als er am 28. April 1883 starb. Seine Nachlassverwalter nahmen die Zucht-Aufzeichnungen nicht wichtig. Was aus ihnen wurde, weiß niemand.

Auf dem Lande aber wurden die „Working Terrier" des Reverends weiter gezüchtet. In den dreißiger Jahren ging man dazu über, den Typ Hunde, den John Russell so bevorzugt hatte, als „Jack Russell Terrier" zu bezeichnen. 1975 gründete sich „The Jack Russell Club of Great Britain", und am 22. Januar 1990 endlich wurde dieser Terrier als eigenständige Rasse, unter dem Namen „Parson Jack Russell Terrier" vom englischen Kennel Klub anerkannt. Der internationale Zuchtverband F.C.I. (Fédération Cynologique Internationale) folgte am 2. Juli 1990 mit der vorläufigen Anerkennung als Rasse und übernahm den Rassestandard der Engländer.

Heute, 10 Jahre später, bekommt der Hund einen neuen Namen. Vor kurzem hat der englische Parson Jack Russell Terrier Club den Hund umbenannt in „Parson Russell Terrier". Der Grund dafür ist, dass es auch einen kurzbeinigeren „Jack Russell Terrier"-Typ gibt, den speziell die Iren und Australier gerne als eigenständige Rasse anerkannt haben möchten. Und mit der Namensänderung soll sichergestellt sein, dass sich beide (eventuellen) Rassen deutlich unterscheiden. Die F.C.I. hat diese Namensänderung noch nicht anerkannt.

Der Rassestandard

Die Beschreibung der charakterlichen und körperlichen Eigenschaften einer Hunderasse nennt man den Standard. Er wird von der F.C.I. meistens unverändert von dem Ursprungsland übernommen.

Beim Parson Jack Russell Terrier ist dies Großbritannien.

Er hat die FCI-Standard-Nr.: 339 / Stand: 02.02.2000 / D. und die FCI-Klassifikation: Gruppe 3 Terrier, Sektion 1 Hochläufer, mit Arbeitsprüfung.

Allgemeines Erscheinungsbild

Der Parson Jack Russell Terrier soll arbeitsfreudig, lebhaft und wendig sein. Er soll für die Schnelligkeit und die Ausdauer gebaut sein und einen allgemeinen Eindruck von Harmonie und Beweglichkeit vermitteln.

Charakteristik und Verhalten

Im Wesentlichen ein Gebrauchsterrier, mit der Fähigkeit und dem zur Arbeit im Bau und in der Jagdmeute geeigneten Körperbau. Ein Parson Jack Russell Terrier soll sich unerschrocken und freundlich zeigen.

Er darf auf keinen Fall ängstlich oder gar aggressiv sein.

Der Kopf

Der Kopf eines Parson Jack Russell Terriers soll flach, mäßig breit sein und ein wenig Stop haben. Zu den Augen hin soll der Kopf allmählich schmaler werden. Die Länge des Vorgesichts ist ein wenig kürzer als der Oberkopf. Die Nase ist schwarz. Eine Wechselnase oder eine

Für die Farbflecken gibt es keine Vorschriften. Erwünscht ist, dass sie sich auf den Kopf und/oder auf den Ansatz der Rute beschränken. (Foto: Gaby Abels)

fleckige Nase sind bei einem ausgewachsenen Hund unerwünscht.

Die Augen sollen mandelförmig, ziemlich tief liegend sein, dazu dunkel, mit lebhaftem und durchdringendem Ausdruck.

Der Parson Jack Russell Terrier soll ein kräftiges, muskulöses, perfektes, regelmäßiges und vollständiges Scherengebiss haben. Die obere Schneidezahnreihe soll ohne Zwischenraum über die untere greifen und die Zähne senkrecht im Kiefer stehen.

Die Ohren eines Parson Jack Russell Terriers sind klein, „v-förmig", nach vorne fallend. Sie sollen dicht am Kopf getragen

Man sieht dem PJRT an, dass er rennen kann, und auch lange duchhält. (Foto Gaby Abels)

werden, wobei die Ohrenspitze bis zum Augenwinkel reichen muss. Die Falte darf nicht über dem höchsten Punkt des Schädels liegen. Der Ohrlappen ist mäßig dick.

Der Hals

Der Hals soll klar umrissen, muskulös und von guter Länge sein. Er soll sich zu den Schultern hin allmählich verstärken.

Der Körper

Der Körper eines Parson Jack Russell Terriers soll gut ausgewogen sein. Die Länge seines Körpers ist geringfügig größer als die Höhe vom Widerrist zum Boden. Sein Rücken soll gerade und kräftig sein. Die Lende ist leicht gewölbt.

Der Brustkorb ist von mäßiger Tiefe, aber nicht tiefer, als bis zum Ellenbogen reichend.

Er soll hinter den Schultern von zwei durchschnittlich großen Händen zu umfassen sein. Die Rippen sollen nicht zu stark gewölbt sein.

Die Rute

Die Rute soll bei einem Parson Jack Russell Terrier kräftig, gerade und mäßig hoch angesetzt sein. In der Bewegung soll die Rute gut hochgetragen werden.

In Deutschland, sowie in einigen anderen Ländern, besteht Kupierverbot für die Rute.

Die Gliedmassen

Die Vorderläufe müssen kräftig und gerade sein. Die Gelenke dürfen weder nach innen noch nach außen gedreht sein.

Die Ellenbogen sollen am Körper anliegen und an den Seiten frei beweglich sein.

Die Hinterhand ist muskulös und kräftig, mit einer guten Winkelung. Das Kniegelenk ist gut gewinkelt und das Sprunggelenk tief angesetzt. Die Pfoten sind kompakt mit einem festen Ballen, weder nach innen noch nach außen gedreht. Das Gangwerk bzw. die Bewegung ist frei, aus-

Links glatthaarig, rechts rauhaarig – und keiner will das Spielzeug loslassen. (Foto: Gaby Abels)

greifend und ausgeglichen. Die Bewegung verläuft gerade im Kommen und Gehen.

Haut und Haarkleid

Ein Parson Jack Russell Terrier muss dicke und locker anliegende Haut haben.

Das Fell soll von Natur aus harsch, dicht und anliegend sein. Es gibt raue und glatthaarige Parson Jack Russell Terrier. Der Bauch und die Unterseiten sind auch behaart.

Das Fell ist vollständig weiß, oder vorwiegend weiß, mit lohfarbigen, gelben oder schwarzen Abzeichen, oder jede Kombination dieser Farben. Vorzugsweise sollte sich die Farbe auf den Kopf und/oder auf den Ansatz der Rute beschränken.

Die Grösse

Die ideale Widerristgröße ist bei Rüden 35 cm und bei Hündinnen 33 cm. Er darf nicht zu groß sein, aber auch nicht niederläufig. Doch sagt der Standard als Zusatz, bzw. Nebenbemerkung folgendes:

Für eine vorerst nicht begrenzte Übergangszeit sollte die Widerristhöhe für Rüden und Hündinnen 26 cm nicht unterschreiten.

Die den Idealmaßen nicht entsprechenden Hunde werden aus diesem Grunde bei der Bewertung auf Ausstellungen nicht benachteiligt und können ohne Einschränkung in der Zucht Verwendung finden.

Fehler

Jede Abweichung von den vorgenannten Punkten sollte als Fehler angesehen werden, dessen Bewertung in genauem Verhältnis zum Grad der Abweichung stehen sollte.

Nebenbemerkung:

Rüden sollten zwei offensichtlich normal entwickelte Hoden aufweisen, die sich vollständig im Hodensack befinden.

Der Jack Russell Terrier

Neben dem Parson Jack Russell Terrier gibt es, wie schon gesagt, Bemühungen nationaler Zuchtverbände, dass der „kleine Bruder" der PJRT als „Jack Russell Terrier" anerkannt wird. Dieser Jack Russell Terrier gleicht dem Parson Jack Russell Terrier völlig im Charakter wie in den Fellfarben, er ist nur „bodennaher", ein kleiner, längerer, gut proportionierter Terrier.

Hier dazu eine freie Übersetzung des vom Irischen Kennel Clubs veröffentlichten Materials zum „Jack Russell Terrier":

„Während der Versammlung im Juli 1998 in Ard Chomhairle, wurde vereinbart, den „Jack Russell Terrier" zu registrieren (nicht zu verwechseln mit dem Parson Jack Russell Terrier).

Der Interims-Standard, der vom Irischen Kennel Club akzeptiert wurde, ist derjenige des Australischen Kennel Clubs 1990 (Australian National Kennel Council).

Australien gilt als das Land, in welchem der „Jack Russell Terrier" entwickelt wurde, als eigenständiges Mitglied der Terrier-Gruppe, mit vielen Gruppen und Best-in-Show-Erfolgen unter vielen verschiedenen Richtern.

Der „Jack Russell Terrier" wird in jeder Ecke Irlands und in der ganzen Welt gefunden. Häufig läuft die Rasse unter lokalen Namen, wie „Der Kennel Terrier", „Hunt Terrier" (Jagdterrier), „Saddle Terrier" (Satteltterrier), „Farm Dog" (Farmhund), usw. Viele Kennel Clubs haben den Jack Russell Terrier akzeptiert.

Dieser kurzbeinige Terrier, welcher Teil der ländlichen Tradition Irlands ist, ist heute auch in der städtischen Umgebung beliebt. Es ist der Hund von idealer Größe für das Apartment in der Stadt. Er ist freundlich und intelligent, der Ausdruck trifft genau die aktiven Terrier-Charakteristika.

Nachdem der Irische Kennel Club entschieden hat, den Jack Russell Terrier offiziell in die Terrier-Gruppe aufzunehmen, ist es wichtig, den ursprünglichen Charakter und Ausdruck zu bewahren.

In Laufe von 3 Generationen sollten alle Hunde, die bisher provisorisch eingetragen wurden, in das permanente Register übernommen werden. Der Erfolg des Jack Russell Terriers hängt davon ab (wie auch in anderen Rassen), wie die Rasse von Zuchtenthusiasten durch Rasseclubs unterstützt wird. Der Irische Kennel Club wird die Bildung eines Spezialclubs unterstützen.

Die ideale Höhe eines Jack Russell Terriers liegt zwischen 25 cm bis 30 cm. Das Gewicht wird folgendermaßen berechnet. 1 kg pro 5 cm Höhe des Hundes. Ein 25 cm hoher Jack Russell Terrier sollte ca. 5 kg wiegen.

Passt der Parson Jack Russell Terrier zu mir?

Unerschrocken und intelligent

Das Aussehen eines Hundes kann gewaltig täuschen. So mag der Parson Jack Russell Terrier den Eindruck eines fröhlichen Clowns vermitteln (als der er in der TV-Werbung auch gerne dargestellt wird), aber sein Rassestandard sagt etwas anderes: „Der PJRT ist im Wesentlichen ein Gebrauchsterrier mit der Fähigkeit zur Arbeit im Bau und in der Jagdmeute. Er ist unerschrocken und freundlich."

Er ist noch mehr: sehr intelligent, anpassungsfähig, wachsam, kinderlieb und temperamentvoll, aber auch eigenwillig, selbst-

Auch das ist typisch für einen PJRT: Kuscheln mit seinem Lieblingsmenschen. (Foto: Gaby Abels)

ständig und er klappt gerne die Ohren zu und tut so, als ob er den eben erhaltenen Befehl nicht hört. Mit anderen Worten: Ein Parson Jack Russell Terrier ist kein sehr einfacher Hund und nicht für jeden geeignet.

Ein Parson Jack Russell Terrier hat sehr viel Energie, die er durch eine vielseitige Auslastung auch abbauen muss: lange, ausgiebige und abwechslungsreiche Spaziergänge, die er sehr liebt, Sport, und mindestens einmal am Tag Toben mit seinem Menschen oder Artgenossen im Garten oder im Park.

Am besten passen zu ihm Menschen, die viel in der Natur unterwegs sind, beim Reiten, Spazierengehen, Wandern, oder auch Leute, die sich gerne sportlich betätigen.

Sie sollten ebenso Spaß daran haben, auch seine Intelligenz zu fordern und zu fördern. Sinnvolle Dinge wie „räum dein Spielzeug auf" bis zirkusreife Tricks lernt diese Rasse leicht und gerne.

Als Familienhund ist der Parson Jack Russell Terrier bestens geeignet. Er gliedert sich schnell in das Menschenrudel ein, wenn man ihm von Anfang an zeigt, an welcher Stelle er im Rudel steht. Er sollte voll mit ins Familienleben eingebunden werden. Das heißt, die ganze Familie muss voll hinter ihm stehen und auch die vorher festgelegten Regeln einhalten. Dann wird der Hund so mit Ihnen und Ihrer Familie durch dick und dünn gehen.

Mit Kindern jeden Alters versteht sich der PJRT prächtig. Er macht gerne jeden Blödsinn mit, den ihm die Kinder beibringen. Er ist auch nicht empfindlich, wenn die Kinder mal grob sind. Aber er kann es im Spiel auch schon mal werden, deshalb sollte man sie nie unbeaufsichtigt lassen. Natürlich gibt es auch unter den Parson Jack Russell Terriern Hunde, die sehr sensibel sind. Wenn sie etwas tun sollen, was sie überhaupt nicht lieben, kann es Ihnen schon mal geschehen, dass z. B. der glatthaarige Hund seine Stirne ganz in Falten legt und Sie mit großen Augen anschaut. Und schimpft man mit dem Hund, weil er mal wieder etwas ausgefressen hat, kann er den ganzen Tag über beleidigt sein.

Auch den schmusigen Typ gibt es. Einer, der schon als Welpe in der Familie mit ständigem Körperkontakt aufgewachsen ist, und am liebsten den ganzen Tag über gekrault werden möchte. Kaum setzt man sich auf das Sofa, schon sitzt er neben einem und stößt seine Schnauze unter die Hand als Aufforderung zum Kraulen.

Zum Jagen geboren

Wie der Standard es so schön aussagt, ist der Parson Jack Russell Terrier ein Jagdgebrauchshund. Das heißt, er hat einen ausgeprägten Jagdinstinkt. Der eine Hund mehr und der andere weniger.

Sind Sie kein Jäger, sondern möchten Sie ein ganz normaler Hundehalter werden, sollten Sie früh beginnen, dem Hund Alternativen zu bieten und gegen diesen Jagdinstinkt anzuarbeiten. Fachliche Hilfe bekommen Sie hier auf einem Hundeplatz oder von einem Hundetrainer.

Wenn ein PJRT zufällig über eine Jagdbeute „stolpert", kann es allerdings sein, dass er jede gute Erziehung vergisst. Und im schlechtesten Fall kann das mit einem

Ein Mauseloch riecht interessant – schon gräbt der Terrier, dass die Erde fliegt. (Foto: Gaby Abels)

großen Feuerwehreinsatz enden, wenn der Parson Jack Russell Terrier ein Kaninchen bis in den Bau unter Tage verfolgt, dort stecken bleibt, und ausgegraben werden muss ... was ihn nicht davon abhalten wird, dem nächsten Kaninchen wieder unter die Erde zu folgen.

Im Wald sollte man seinen Hund grundsätzlich immer anleinen (das gibt die Hundehalterverordnung ja auch vor).

Keine Angst vor nix

Dieser Terrier ist hart im Nehmen. Ihn erschreckt so schnell nichts. Ein vorbeifahrendes Auto hat eine Fehlzündung und knallt? Stört ihn nicht. An Silvester zischt und kracht das Feuerwerk rund um den Balkon? Findet er interessant. Ein PJRT verlangt richtig nach neuen Erlebnissen und Erfahrungen.

Ein Parson Jack Russell ist kein Kläffer, aber ihm entgeht nichts vor seinem Zaun ...

Garten muss nicht sein

Ein Haus mit großem Garten ist zwar wünschenswert, muss aber absolut nicht sein. Ein Hund, der voll ausgelastet in einer Stadtwohnung lebt, ist sicherlich glücklicher als einer, der sich ständig selbst auf einem großen Grundstück beschäftigen muss.

Wenn der Parson Jack Russell Terrier nicht genügend Auslastung hat, wird er ständig zum Spielen auffordern oder sich ein Spielzeug suchen. Es empfiehlt sich, ihm genügend interessantes Spielzeug (z.

... und wenn der Zaun nicht hoch genug ist, geht er auch mal nachschauen. (Fotos: Gaby Abels)

B. einen Zauberball oder einen Basketball) zur Verfügung zu stellen. Einige Hundebesitzer haben schon richtige Spielzeugkisten für ihren Hund in der Ecke stehen.

Einen Hund zu halten kostet Geld. Die Futterkosten richten sich nach Körpergewicht und Futtersorte. Man sollte einen Betrag zwischen 30,00 und 90,00 DM monatlich einkalkulieren.

Für Impfung und Entwurmungen muss man mit ca. 150,00 DM pro Jahr rechnen. Und jeder Hundehalter weiß, dass auch mal höhere Tierarztkosten (bei Bisswunden, Unfällen usw.) auf einen zukommen können.

Die Höhe der Hundesteuer richtet sich nach dem Wohnort. Wenn man auf dem Land wohnt, zahlt man sicherlich weniger Hundesteuer als in der Stadt.

Eine Hundehalterhaftpflichtversicherung ist unbedingt zu empfehlen. Hier gibt es große Preisspannen. Es lohnt sich, die Leistungen der verschiedenen Anbieter zu vergleichen.

Wo bekomme ich den passenden Jack Russell Terrier?

ÜBERLEGUNGEN VOR DEM KAUF

Wie schon gesagt, gehört der Parson Jack Russell Terrier zu den langlebigen Hunderassen. Deshalb, bevor Sie sich für diesen Hund entscheiden, sollten Sie sich sehr ernsthaft folgende Fragen stellen:

1. Wissen Sie, wie Ihr Leben in den nächsten 15 Jahren aussehen wird? Und sind Sie bereit für diesen Zeitraum die Verantwortung für einen so lebhaften Hund wie den PJRT zu übernehmen?
2. Sind Sie bereit, in dieser Zeit, falls notwendig, auch Ihren Lebensstil für den Hund zu verändern?
3. Ist die ganze Familie mit diesem Hund einverstanden und bereit, mit ihm zu leben?
4. Sind Sie in der Lage, dem Hund die Bewegung und Beschäftigung zu geben, die er braucht, egal bei welchem Wetter?
5. Haben Sie überhaupt genug Zeit für einen Hund? Ein erwachsener Hund sollte nie länger als vier Stunden alleine bleiben, ein Welpe noch weniger.
6. Haben Sie Verwandte/Nachbarn/Freunde, die jederzeit einspringen und den Hund aufnehmen könnten, falls sich bei Krankheit oder Urlaub die Notwendigkeit ergibt?
7. Haben Sie die Zeit, mindestens einmal pro Woche mit Ihrem Hund einen Wel-

pen- oder Hundekurs zu besuchen?

8. Sind Sie bereit, täglich mit dem Hund ins Grüne zu fahren, falls Sie mitten in der Stadt wohnen?
9. Sind Sie bereit, mit Hundehaaren, rumliegendem Hundespielzeug oder Kauknochen in der Wohnung zu leben?
10. Sind Sie bereit, alle Kosten einer Hundehaltung zu tragen?

Wenn Sie alle 10 Fragen mit einem eindeutigen „Ja" beantwortet haben, brauchen Sie jetzt eigentlich nur noch den für Sie passenden Hund zu finden. (Falls Sie Fragen mit einem klaren „Nein" oder auch nur zweifelnd beantwortet haben, sollten Sie Ihren Wunsch, mit einem Hund zu leben, noch einmal sehr gründlich überdenken.)

Wo finde ich den richtigen Züchter?

Wo finden Sie den für Sie richtigen Hund? Wahrscheinlich nicht in Ihrem Bekanntenkreis und vielleicht nicht einmal in Ihrer näheren Umgebung. Erwarten Sie auch nicht, dass es einfach ist und schnell geht.

Bei einem guten Züchter sind die Welpen nicht selten schon vergeben, bevor sie geboren sind. (Foto: Gaby Abels)

Wenn die Welpen zu ersten Erkundungen in den Garten gehen, dürfen auch Besucher für sie kommen. (Foto: Gaby Abels)

Sie suchen schließlich einen Partner für die nächsten 15 Jahre ...

In Tageszeitungen und in Hunde-Fachzeitschriften gibt es oft Anzeigen über Welpen, die zu Ausverkaufspreisen angeboten werden. Dieser Verkäufer hat, wenn Sie anrufen und nachfragen, auch meistens das Passende und Gewünschte für Sie parat. Gerade dort sollten Sie aber nicht kaufen. Hinter solchen Anzeigen stecken nur zu oft skrupellose Hunde-Händler.

Wenn Sie sicher sein wollen, dass Sie einen körperlich und seelisch gesunden, wesensfesten Hund kaufen, dann sollten Sie sich an einen der Hundezucht-Dachverbände (VDH, DKK, ÖKV, SKG – Adressen s. Anhang) wenden. Diese Verbände werden Ihnen Adressen der einzelnen Rassezuchtvereine geben. Die Welpenvermittlung oder Mitglieder des Vereines geben Ihnen gerne Züchteradressen.

Nehmen Sie sich vielleicht auch die Zeit, einmal eine der großen Hunde-Ausstellungen zu besuchen. Da können Sie viele Züchter mit ihren Hunden treffen, beobachten, Vergleiche anstellen, Kontakte machen. Besuchen sollten Sie auf jeden Fall mehrere Züchter. Stellen Sie viele Fragen und vergleichen Sie. Ein guter Züchter nimmt es Ihnen nicht übel, im Gegenteil, er hat auch sehr viele kritische Fragen an Sie, denn er will, dass seine Welpen in die bestmöglichen Hände kommen.

- Ein guter Züchter züchtet nur eine Rasse, höchstens zwei miteinander verwandte, und hat nur einen Wurf pro Jahr von einer Hündin.
- Er lebt mit seinen Hunden zusammen (er hat keinen fleckenlosen weißen Teppichboden im Haus und hält die Hunde in einem Schuppen). Seine Hunde haben vom ersten Tag an viel menschlichen Kontakt, lassen sich gerne kraulen, bereitwillig festhalten und hören schon früh auf ihren Namen. Sobald sie alt genug sind, haben seine Welpen täglich freien Auslauf in einem interessanten Gelände, wo den Welpen viel Abwechslung geboten wird.
- Ein guter Züchter stellt Ihnen sofort die Mutterhündin vor und die anderen Hunde, die mit im Haus leben und auch den Vater der Welpen, oder zeigt Ihnen zumindest Fotos von ihm.
- Er hat Welpen, die neugierig, zutraulich und verspielt sind, denn er beschäftigt sich sehr intensiv mit ihnen, und sorgt dafür, dass sie viel erleben und ständig Erfahrungen mit den verschiedensten Gegenständen und Geräuschen machen (vom Staubsauger bis zum Fahrrad).
- Er gibt seine Welpen nicht vor der 8. Woche ab, wenn sie entwurmt und zum ersten Mal geimpft sind.
- Er hält auch später den Kontakt mit Ihnen und berät Sie, wenn Probleme auftauchen.
- Ein guter Züchter zieht nur so viele Würfe auf, wie er angemessen betreuen kann. Rechnen Sie also durchaus mit einer Wartezeit. Und auch damit, dass er vielleicht gerade Welpen hat, aber noch keine Besucher erlaubt, die evtl. Krankheitserreger ins Haus bringen könnten.

Wenn der Züchter Ihnen kritische Fragen stellt, werden Sie nicht ungehalten. Und wenn er Ihnen von einem bestimmten Welpen abrät, dann vertrauen Sie seinem Rat. Er kennt seine Welpen. Und selbst wenn er Ihnen von seinen Welpen ganz abrät, überlegen Sie, warum er das tut, und seien Sie ihm dankbar.

Denken Sie in Ruhe darüber nach, warum er es getan hat und fahren Sie nicht gleich zum nächsten Züchter und kaufen dort Ihren Hund. Aus meiner sehr langen Erfahrung als Züchterin des Parson Jack Russell kann ich nur sagen, dass Interessenten, denen abgeraten wurde, sich so einen Hund anzuschaffen, und die es dann doch taten, früher oder später Schiffbruch erlitten. Und dann wollten sie ihre sogenannten „Problemhunde" wieder loswerden ...

Auch ein älterer Hund gewöhnt sich noch einmal an eine neue Umgebung, an neue Menschen und neue Aufgaben. (Foto: Gaby Abels)

Welpe oder älterer Hund?

Vor der Anschaffung eines Hundes sollte man das Pro und Contra „Welpe oder ausgewachsener Hund" schon durchdacht haben. Ein Welpe ist noch nicht stubenrein und nicht erzogen. Man kann ihn nach seinen Wünschen und Auffassungen prägen – wenn man die Zeit dazu hat. In manchen Lebenssituationen ist ein älterer Hund eindeutig besser. Eine junge Mutter z. B., die gerade ein Baby bekommen hat, ist mit der zusätzlichen Erziehung eines Hunde-Welpen hoffnungslos überfordert. Auch ein Mensch, der, aus welchen Gründen auch immer, körperlich gehandikapt ist, wird mit einem älteren Hund viel weniger Probleme haben. Zwar ist ein älterer Hund in der Regel schon vom Vorbesitzer geprägt. Doch auch ein älterer Parson Jack Russell Terrier lässt sich weiter erziehen, und er passt sich meistens sehr gut seiner neuen Familie an.

Entscheidet man sich für einen älteren Hund, sollten Sie sich den Parson Jack Russell Terrier erst einmal in Ruhe anschauen. Auch wenn Ihnen angeboten wird, den Hund gleich mitzunehmen, fragen Sie den

Züchter bzw. den Besitzer, ob Sie nicht erst mal mit dem Hund spazieren gehen dürfen und zu einem späteren Termin abholen. Der Züchter wird Ihnen die Charaktermerkmale und die Eigenarten des älteren Parson Jack Russell Terrier genau erzählen. Fragen Sie ruhig, ob der Hund mit irgendetwas schlechte Erfahrungen gemacht hat und vor allen Dingen, wie er darauf reagiert.

Ältere Hunde passen sich zwar sehr schnell der neuen Familie an, aber die Eingewöhnungszeit dauert mitunter 6–12 Monate. Sie können in dieser Zeit auch mal einen Rückschlag erleben. Bauen Sie Ihren Hund dann mit viel Liebe seelisch wieder auf, und Sie bekommen diese Liebe irgendwann hundertfach zurück.

Mein Mann und ich fuhren, nachdem uns eine 15 Monate alte Hündin angeboten wurde, eines Samstagmorgens von Kiel bis in die Nähe von Bonn. Dort wollten wir diese Hündin anschauen und uns genau überlegen, ob es die richtige ist, und ob sie uns überhaupt gefällt. Damit wir nicht alleine fahren mussten, nahmen wir Freunde mit ihren beiden Yorkshire Terriern mit. Wir meinten nämlich, 8 Augen sehen besser als nur 4 Augen.

Als wir angekommen waren und diese Hündin sahen, waren wir schon sehr begeistert, baten aber trotzdem darum, doch einfach mal mit ihr spazieren gehen zu dürfen. Es war ja auch schwierig für uns, denn wenn man dem Züchter gegenüber sitzt, kann man untereinander das Für und Wider ja nicht so richtig diskutieren.

Die Hündin ging freudig mit. Wir ließen sie auch mit den Yorkshire Terriern frei laufen. Sie war wirklich toll.

Spontan beschlossen wir, eine Nacht darüber zu schlafen und unsere Entscheidung genau zu überdenken. Nun wollten wir zurück zu der Züchterin. Wir machten die Autotüren auf, um die Yorkshire Terrier in das Auto zu setzen, und da geschah etwas, was wir alle nicht vorhersehen konnten: Die Hündin setzte sich neben die Yorkies und wartete darauf, dass wir folgten. Nun war die Entscheidung endgültig. Diese Hundedame fuhr am gleichen Tag mit uns allen zurück nach Hause.

Mit dieser Zuchthündin habe ich viel gelernt und habe mit ihr Höhen und Tiefen erlebt. Diese Hündin ist jetzt unsere Seniorin und ich möchte Sie nie missen.

Die Wahl eines Welpen

Wenn man sich für einen erwachsenen Hund entscheidet, wägt man sachlich jedes Für und Wider ab. Sitzt man aber vor vier, fünf oder sechs niedlichen Welpen, fällt es schon sehr viel schwerer, eine sachliche Entscheidung zu treffen. Die Frage, ob Rüde oder Hündin, hat man meistens schon vorher abgesprochen, falls es nicht egal ist. Ein Rüde ist nicht zwangsläufig dickschädeliger als eine Hündin, und eine Hündin nicht automatisch anhänglicher als ein Rüde. Das hängt allein vom persönlichen Charakter eines Hundes ab.

Eine Hündin wird nur zweimal im Jahr (für rund drei Wochen) läufig, und wenn in ihrer Umgebung viele Rüden leben, werden diese Wochen etwas anstrengend.

Ein Rüde kann anderen Rüden gegenüber dominant sein, und wenn in seiner

Für welchen dieser netten Kerle soll man sich entscheiden? Der Züchter kann schon viel über sie erzählen und bei der Wahl entscheidend helfen. (Foto: Gaby Abels)

Umgebung viele Hündinnen leben, ist jede Läufigkeit für ihn eine Leidenszeit.

Wichtig ist das Geschlecht eines Welpen eigentlich nur, wenn er als Zweithund ins Haus kommt. Am besten klappt das Zusammenleben, wenn der zweite Hund ein anderes Geschlecht hat, als der erste.

Bei der Vorstellung der Farbe ist es schon schwieriger. Als Züchter kann man die Farbgebung und Flecken beim Parson Jack Russell Terrier nicht beeinflussen. Gehen Sie am besten ohne Farbvorstellung zu den Welpen.

Einen rauhaarigen Parson Jack Russell Terrier, der einen starken Haarwuchs hat, werden Sie gleich erkennen. Glatthaarige Hunde sind etwas schwerer zu erkennen. Hat der Hund klare Farbübergänge und sind die Haare nicht schon leicht in eine andere Farbe gewachsen, kann man davon ausgehen, dass es sich hier um einen glatthaarigen Parson Jack Russell Terrier handelt. Rauhaarige Hunde haben ab einem Alter von ca. 4–5 Wochen in den Mundwinkeln kleine Haarbüschel hängen.

Die Lebhaftigkeit eines Welpen kann man als Besucher schwer beurteilen. Ein Welpe, der heute ruhig ist, kann morgen schon ein Draufgänger sein und umgekehrt. Lassen Sie sich lieber vom Züchter die bisherigen Charaktermerkmale der einzelnen Welpen mitteilen. Er kennt seine Welpen genau, da er sie ständig um sich hat und sie beobachtet.

Während der Wartezeit, bis zur Abgabe Ihres ausgesuchten Welpen, besuchen Sie den Kleinen ruhig noch mal. So bekommen Sie von der so wichtigen Entwicklung in diesen ersten Lebenswochen auch etwas mit.

Studieren Sie während der Zeit, in der Sie schon aufgeregt warten, einige Bücher, sowie Videos zur Rasse oder Erziehung. Sie sollten sich auch schon Vereine bzw. Hundeplätze anschauen, die für Welpen Spielstunden veranstalten.

Parson Jack Russell Terrier als Zweithund

Unser Rüde „Bolero" war zwar kein Zweithund für meine Bekannte, sondern nur ein Urlaubsgast für eine Woche. Die Bekannte

Als Zweithund hat der PJRT fast immer ganz schnell das Sagen. (Foto: Eva Struck)

war stolze Besitzerin einer Deutschen Dogge namens „Cora". Cora war eine sehr temperamentvolle Hundedame. Diese beiden Hunde hatten sich bis zu diesem Zeitpunkt noch nie gesehen, ich muss gestehen, am Anfang hatte ich schon meine Bedenken. Als ich Bolero abholte, konnte ich gar nicht glauben, was ich sah. Diese beiden unterschiedlichen Hunde spielten und tobten, nach einer sehr kurzen Kennenlernzeit, als ob sie miteinander aufgewachsen waren und sich schon immer kannten.

Hundefreundliche Kinder haben im PJRT einen perfekten Kumpel, der immer Zeit hat zum Toben, Schmusen, Zuhören. (Foto: Ulrike Schanz)

Als ich dann mit Bolero nach Hause wollte, kam die Krönung dieser Freundschaft. Bolero markierte Coras Hinterbein, damit auch alle wussten: Das ist meine beste Freundin.

Hundekenner werden jetzt monieren, dass ein Macho-Rüde sich immer mit einer Hündin verträgt, egal, wie groß sie ist. Aber nach meinen Erfahrungen klappt es meistens auch mit Rüden sehr gut. Der Parson Jack Russell Terrier akzeptiert den größeren Hund und hat ihn auch meistens nach ein paar Tagen voll im Griff.

Es gibt zahlreiche Hundebesitzer mit großen Hunden bzw. Rassen, die sich einen Parson Jack Russell Terrier anschaffen, damit der Große wieder in Schwung kommt.

Kind und Hund

Bevor ich sachlich auf dieses Thema eingehe, möchte ich Ihnen etwas von „Nancy" und ihrer Menschenfamilie berichten:

Vor ein paar Jahren wandte sich eine Mutter mit zwei kleinen Söhnen im Alter von 1 und 5 Jahren an mich.

Sie wollten einen Hund, hatten aber auch Angst, dass es nicht gutgehen würde. Ich gab ihr Auskunft zu diesem Thema und nannte ihr Familien, an die sie sich wenden konnte, um Erfahrungsberichte einzuholen. Die Familie machte es sich nicht leicht mit ihrer Entscheidung. Der kleine Sohn war gerade in einem Alter, in dem er alles in den Mund steckte und alles anfassen musste. Sie fragten sich auch ständig, wie wird der Welpe reagieren, wenn der kleine Sohn an den Ohren oder am Schwanz zieht? Müssen die Kinder und der Hund ständig unter Aufsicht sein, damit nichts passiert? Nach reiflicher Überlegung entschloss sich die Familie, einen Parson Jack Russell Terrier anzuschaffen.

Als diese Familie nach mehreren Besuchen Nancy abholen wollte, fiel mir auf, dass sie nicht gerade glücklich aussah. Das war für uns alle eine komische Situation, bis zu dem Zeitpunkt, als der kleine einjährige Sohn, der schlafend im Auto saß, aufwachte und auch ins Haus geholt wurde. Nancy und der Kleine sahen sich und dieser Hund schien auf einmal sehr glücklich. Wir alle nannten es „Liebe auf den ersten Blick". Beide quiekten und krabbelten um die Wette.

Die Familie musste die unbändige Freude von Nancy über die beiden Spielgefährten etwas lenken, damit sie ruhiger wurde. Nancy ließ und lässt sich bis heute noch nicht gern davon abbringen, ihren beiden Freunden einen Hundekuss zu geben.

Der Kleine darf bei Nancy alles machen, sie am Schwanz ziehen oder ihr liebevoll die Ohren lang ziehen. Sie zwickte oder knurrte den kleinen Sohn nicht ein einziges Mal an. Den Kindern wurde aber dennoch beigebracht, dass man mit einem Hund „so nicht" umgehen darf. Der große Sohn hat es schon früh begriffen und imitiert perfekt die übernommenen Befehle der Erwachsenen, um Nancys Tatendrang zu bändigen. Diese beiden können wunderbar miteinander toben, in oder über Pfützen springen und dreckig nach Hause kommen.

Die Erwachsenen der Familie beneiden ihre Söhne oft um solch einen Spielkameraden. Dieser Kamerad, der zu neuen Spielen anregt, kein Ende beim Spielen findet, der kleine Stupser nicht gleich übel nimmt und gleichzeitig seine Freunde lieben kann.

Die Erziehung des Hundes, so die Aussage der Mutter, gestaltet sich wie beim dritten Kind. Nancy lässt sich manchmal viel Zeit, wenn sie etwas überhören will, oder Befehle ausführen soll – aber sie ist von den Dreien am besten erzogen. Und der Sohn sagte beim Spielen zu seinem Hund:

„Ich bin froh, Nancy, dass es Dich gibt."

Ich habe schon viele Eltern mit einem Parson Jack Russell Terrier, Baby, Kleinkindern und Jugendlichen erlebt. Sie waren immer ein Team und haben sich wunderbar ergänzt in ihren Spielen, und haben ihren Kummer und ihre Freude miteinander geteilt. Natürlich konnte es nur klappen, weil der Hund voll ins Familienleben eingebunden war, und die Kinder lernten, einige Spielregeln, was den Hund betrifft, einzuhalten. Dann ist der Parson Jack Russell Terrier grundsätzlich ein kinderfreundlicher Hund.

Ein Kind wird von einem ausgewachsenen Hund als Welpe eingestuft, das bis zu einem bestimmten Punkt alles machen darf. Dem Kind sollte man aber von Anfang an klarmachen, dass der Hund eigene Bedürfnisse und Ansprüche hat. Erklären Sie Ihrem Kind, dass es nicht gut ist, wenn man dem Hund absichtlich Schmerzen zufügt, z. B. durchs Schwanzziehen oder Kneifen; dass er seine Ruhe braucht und beim Fressen nicht gestört wird, und man NIE seinen Frust oder schlechte Laune am Hund auslassen darf, wenn man ihn als Freund behalten möchte. Schließen Sie Ihren Parson Jack Russell Terrier auch nicht aus, wenn Sie z. B. gerade mit Ihrem Baby spielen. Ein gesunder, gepflegter Hund ist kein Hygiene-Problem, und es verhindert, dass er eifersüchtig wird.

Ohne Aufsicht sollte der Wellensittich dem PJRT besser nicht vor der Nase umherflattern. (Foto: Karl-Joachim Struck)

Andere Haustiere

Wenn ein Welpe neu in einen Haushalt kommt, kennt er oft noch keine anderen Haustiere, es sei denn, der Züchter hat ihn bereits damit vertraut gemacht. Der Parson Jack Russell Terrier gewöhnt sich eigentlich sehr schnell an andere Haustiere. Nur sollten Sie versuchen, dass das erste Zusammentreffen harmonisch abläuft. Sie dürfen auf keinen Fall hektische Aufregung zeigen, denn das überträgt sich dann auf die Tiere.

Falls Sie sich für einen älteren Parson Jack Russell Terrier entscheiden, fragen Sie den Vorbesitzer, ob der Hund schlechte Erfahrungen, z. B. mit Katzen gemacht hat, denn dann kann es passieren, dass Ihr zukünftiger Hund einen Hass auf Katzen hat und den auch immer wieder deutlich zeigt.

Andere Haustiere, wie Hamster, Kaninchen, Vögel usw. akzeptieren die Hunde auch sehr gut. Achten Sie aber darauf, dass diese Tiere nicht unbeaufsichtigt mit dem Parson Jack Russell Terrier in einem Raum bleiben. Ich möchte noch mal darauf aufmerksam machen, dass die Rasse zu den Jagdgebrauchshunden gehört.

„Siehst du von da oben mehr als ich, Kumpel?" (Foto: Gaby Abels)

Die erste Zeit im neuen Zuhause

Vorbereitungen für den Welpen

Bevor der bestellte Welpe 8–10 Wochen alt ist, und Sie ihn endlich nach Hause holen dürfen, sollten Sie eine ganze Reihe von Vorbereitungen getroffen haben: die Grundausstattung für Ihr Hundekind sollte bereitliegen und Haus und Garten welpensicher gemacht sein.

Einkaufsliste für die Grundausstattung

- *Futter- und Wassernapf*
- *gewohntes Futter*
- *Halsband und Leine*
- *Hundebett*
- *Spielzeug*
- *Transportbox*

Futter und der dazugehörige Napf

Der Züchter hat Ihnen gesagt, welches Futter er für die Aufzucht seiner Welpen verwendet, welche Mengen und wann er füttert. Dieses Futter sollten Sie auf jeden Fall auch besorgen, und seinen Futterplan weiter einhalten. Der Züchter spricht nicht nur aus langjähriger Erfahrung und weiß ganz genau, was er Ihnen empfiehlt. Eine radikale Futterumstellung würde auch die Darmflora des Welpen so durcheinander bringen, dass er sofort krank wird (Durchfall!).

Es empfiehlt sich, von vornherein für das Futter einen Edelstahlnapf anzuschaffen. Dieser ist zwar in der Anschaffung teurer als ein Kunststoffnapf, lässt sich aber nicht zerstören und einfach reinigen. Für das Futter sollte man einen Napf für 0,9 Liter kaufen.

Als Wassernapf eignet sich sehr gut ein glasierter Unterteller aus Ton. Schauen Sie im Gartenfachhandel, bei den Übertöpfen im Regal. Dieser Napf ist unverwüstlich. Er lässt sich nicht hin und her schieben, wie so viele andere, angeblich rutschfeste Trinknäpfe.

Halsband und Leine

Am sinnvollsten, so hat es sich im Laufe der Jahre herausgestellt, ist ein größenverstellbares Halsband, denn ein Welpe wächst sehr schnell. Es muss nicht aus Leder sein; es gibt mittlerweile sehr schöne und pflegeleichte Kunststoffgarnituren. Wichtig ist, dass es einen sicheren Verschluss besitzt und strapazierfähig ist.

Falls Sie kein passendes kleines Halsband erwerben können, nehmen Sie einfach ein Katzenhalsband und entfernen Sie davon die Glocke. In der Regel passt es einem Welpen. Die erste Leine sollte nicht länger als 1–1,20 Meter sein.

Nun gibt es immer mehr Leute, die der Meinung sind, man sollte einen Hund nicht mit Halsband und Leine führen, sondern ihm ein Brustgeschirr geben. Verzichten Sie zu Gunsten des Hundes darauf, und üben Sie schon frühzeitig mit ihm an der Leine zu laufen und nicht zu ziehen.

Körbchen oder Hundebett?

Ein Hundekorb aus geflochtener Weide sieht zwar sehr dekorativ aus, wenn er im Wohnzimmer steht, ist aber sehr unpassend. Da ein Welpe seine Welt sozusagen kauend erkundet und entdeckt, also gar nicht anders kann, als alles anzuknabbern, wird er so einen Korb spätestens im Zahnwechsel etwas zerkleinern.

Ein waschbares Hundebett ist besser (und lebt länger) als ein Weidenkörbchen. (Foto: Gaby Abels)

Ein Hundebett aus Schaumstoff oder anderem waschbaren Material, umhüllt mit hübschem Stoff, halte ich für sinnvoller. Das können Sie bei jeder Gelegenheit einfach in die Waschmaschine stecken. Es lässt sich auch nicht zerknabbern und wird von dem Welpen eher gemocht als ein Weidenkorb.

Spielzeug

Jeder Welpe spielt für sein Leben gern. Am besten eignet sich ein Baumwolltampen mit Knoten, Knochen aus Vollgummi usw. Im Fachhandel wird vieles angeboten. Leider halten nicht alle Spielzeuge Welpenzähnen stand, bzw. lassen sich sehr gut verschlucken. (Manchmal auch Sachen, die gar nicht als Spielzeug gedacht waren. Socken z. B. führen die „Hitliste" der verschluckten Gegenstände von Welpen an.)

Man muss aber nicht immer teures Spielzeug für seinen Hund kaufen. Ein verknotetes altes Sweatshirt oder Handtuch können auch seinen Zweck erfüllen. Was Sie Ihrem Welpen nicht geben sollten, ist ein Tennisball.

Die kleinen Filzhaare am Ball lösen sich sehr leicht während des Spiels; und diese Haare sind giftig.

Ein Stück aus der Welpenstube

Viele Hundebücher empfehlen, ein Handtuch oder eine Windel beim Züchter abzugeben, damit er es zu den Welpen ins Schlafbett legt. Wird der Welpe dann abgeholt, kommt auch dieses Handtuch/diese Windel in sein neues Zuhause mit, und damit auch sein vertrauter Geruch. Zweck der ganzen Sache ist, dass der Hund sich im neuen Hundebett nicht so verlassen vorkommt.

Ich persönlich habe es nie ausprobiert. Meine Welpen habe ich immer ohne ein „Stückchen Heimat" abgeholt, dabei habe ich nie bemerkt, dass ihnen etwas fehlt. Aber es ist sicherlich eine reine Einstellungssache und vielleicht sollte man es auch tun, wenn es einen beruhigt. Wenn mir ein Welpenkäufer eine Windel oder ein Handtuch bringt, lege ich es selbstverständlich zu den Welpen. Sie glauben gar nicht, wie das Handtuch oder die Windel bei der Abholung aussieht. Der eine Welpe zieht es durch die ganze Wohnung und der andere nuckelt darauf rum, usw.

Transportbox

Eine Transportbox mit Tür, wie sie bei Flugreisen Vorschrift ist, hat viele Vorteile.

Sie ist ein ebenso sicherer Platz für einen Hund beim Autofahren. Hier können Sie sicher sein, dass der Hund nicht bei jedem Bremsvorgang durch den Wagen kugelt oder während der Autofahrt auf Wanderschaft geht, und sollte es zu einem Ernstfall kommen (eine Notbremsung reicht), ist die Verletzungsgefahr für ihn deutlich niedriger als ohne dieses Sicherheitsgehäuse.

Wenn Sie später mal in einem Hotel übernachten, weiß der Hotelangestellte jedenfalls, hier schläft der Hund nicht im Bett und macht irgendeinen Blödsinn.

Einen weiteren Vorteil hat diese Transportbox im Welpenalter. Richten Sie die Transportkiste sehr gemütlich, mit einer kuscheligen Decke ein. Geben sie ihr einen Platz neben Ihrem Bett. Sie hilft Ihnen, Ihren Welpen in der Nacht sehr schnell stubenrein zu bekommen (s. Kapitel „Die erste Nacht").

Sicherheitsvorkehrungen

Wenn man kleine Kinder hat, stellt man grundsätzlich alles weg, was das Kind nicht haben soll oder auch gefährlich ist. Bei einem Welpen ist es genauso. Schauen Sie sich Ihren Wohnbereich und Ihren Garten sehr kritisch an und treffen Sie rechtzeitig Vorkehrungen, um Gefahrenzonen zu beseitigen. Der Gartenteich wird mit einem Netz abgedeckt, alle giftigen

Die ersten drei Monate sollte ein junger PJRT überhaupt keine Treppen laufen, und diese hinten offenen Stufen lassen einen Welpen schnell durchrutschen – gefährlich! (Foto: Gaby Abels)

(oder kostbaren) Pflanzen kommen hinter einen Zaun, Treppenauf- und -abgänge werden mit einem Kindergitter gesichert, echte Teppichbrücken, die Spielkiste der Kinder, Schuhe oder was sonst in erreichbarer Höhe des Hundes liegt, und was Sie behalten wollen, wird hinter geschlossene Türen oder höher geräumt. Die geliebte Bodenvase kommt für die nächsten Monate in den Schrank, alle Topfpflanzen auf einen sicheren, unerreichbaren Platz und ebenso alle Putz- und Waschmittel. Ein Welpe weiß nicht, dass ein runterhängendes Kabel gefährlich ist, wenn er dort reinbeißt, wie ungesund es für ihn ist, Legosteine, Aspirin oder Schokolade zu verschlucken, oder dass Sie lange überlegt haben, bis Sie sich diese teuren Schuhe geleistet haben, die er gerade zerkaut. Aber er tut es. Katzenklos sind auch sehr beliebt bei den Hunden. Stellen Sie das vorhandene Katzenklo lieber außer Reichweite. Hunde können zum Feinschmecker werden, was das Katzenklo betrifft.

Der Inhalt des Papierkorbes ist auch für einen erwachsenen Terrier immer noch interessant. (Foto: Gaby Abels)

Die Abholung

Fahren Sie nicht alleine zum Züchter, um den Welpen abzuholen. Denn gerade bei der Abholung sollte sich während der Fahrt mindestens eine Person um den Welpen kümmern. Nehmen Sie eine Decke mit, Haushaltstücher, die Leine mit dem Halsband und etwas zu trinken für den Welpen.

Die Haushaltstücher sind nur eine Vorsichtsmaßnahme, nämlich für den Fall, dass der Welpe beim Züchter gerade etwas zu fressen bekommen hat und es während der Autofahrt wieder ausspuckt. Das Autofahren selber lernen die meisten Welpen heute bereits beim Züchter kennen, der sie ja in der Sozialisierungsphase mit allen Alltagssituationen vertraut gemacht hat. Holen Sie Ihren Welpen möglichst zu einer frühen Tageszeit ab, damit er sich sein neues Zuhause in Ruhe und im Hellen anschauen kann.

Wenn Sie beim Züchter sind, hören Sie ihm genau zu, was er Ihnen an Tipps und Ratschlägen mit auf den Weg gibt. Ich weiß, man ist sehr aufgeregt und man kann in diesem Zustand schlecht zuhören. Versuchen sollte man es auf jeden Fall.

Sollten Sie eine längere Strecke mit dem Auto fahren müssen, machen Sie öfter mal eine Pause und versuchen Sie, mit dem Welpen etwas zu gehen (angeleint!) und bieten Sie ihm frisches Wasser zu trinken an.

Sicherlich haben Sie Ihren nahen Verwandten und Freunden schon erzählt, dass Sie einen Hund ins Haus bekommen. Teilen Sie allen aber auch gleich mit, dass Sie den Welpen in den ersten Tagen für sich allein haben möchten, damit er sich erst an sein neues Zuhause und sein neues „Rudel" gewöhnen kann, bevor er mit Neuem konfrontiert wird.

Geben Sie dem Welpen nach der Ankunft Gelegenheit, sich alles in Ruhe anzuschauen. Nach seinem Rundgang im neuen Zuhause sollten Sie den Welpen erst einmal an seinem neuen Futterplatz füttern. Sofort danach zeigen Sie ihm den Garten, wo er sich auch gleich lösen kann. Spielen Sie ruhig mit dem Welpen ein wenig im Garten, aber überfordern Sie ihn nicht gleich. Gönnen Sie Ihrem Welpen seine Ruhepausen, denn die braucht er die nächsten Monate noch sehr oft. Kindern und Besuchern sollte man gleich klarmachen, dass ein schlafender Hund immer in Ruhe gelassen und nicht geweckt wird. Es könnte sonst Nervosität beim Hund entstehen.

TRÄUMEN

Wie wir Menschen verarbeiten wohl auch Hunde – Welpen wie Erwachsene – im Schlaf Dinge und Erlebnisse, die sie am Tag erlebt haben. Ich bekomme von Hundeneulingen sehr oft Anrufe, in denen sie mir erklären, dass ihr Hund scheinbar während des Schlafes einen epileptischen Anfall hatte. Bei genauerem Nachfragen stellt sich dann heraus, dass ihr Hund offensichtlich nur geträumt hat. Dabei kann es zu leichten Zuckungen, hohem Fiepen und Laufbewegungen kommen. Lassen Sie ihn weiterschlafen. Es tut ihm gut zu träumen.

DIE ERSTE NACHT

Viele ältere Hundebesitzer geben gerne gute Ratschläge. Auch darüber, wo der Hund schlafen sollte. Viele sagen, alleine in der Küche oder alleine im Flur. Ich per-

Die ersten Tage im neuen Zuhause sollten ruhig sein: nur gegenseitiges Kennenlernen, noch kein Besuch. (Foto: Gaby Abels)

sönlich halte davon gar nichts. Uns hatte man damals, bei unserem ersten Hund, auch so einen Tipp mit auf den Weg gegeben. Unsere Hündin sollte im Erdgeschoss, im Flur schlafen. Die Hündin weinte jämmerlich in den höchsten Tonlagen. Nach zwei Stunden hielten mein Mann und ich nicht mehr durch, und taten, was wir für richtig hielten.

Ich kann nur allen empfehlen, lassen Sie Ihren Welpen in der Nacht neben sich in einer Transportkiste schlafen. Richten Sie diese Kiste weich und gemütlich ein. Vor dem Schlafengehen lassen Sie Ihren Welpen sich noch einmal lösen. Setzen Sie ihn dann mit einem Spielzeug (z. B. Baumwolltampen) in die Transportbox und schließen Sie die Tür. Er wird sicherlich etwas winseln, aber das können Sie einfach ignorieren, oder Sie halten Ihre Hand an die Tür der Box.

Ist er dann eingeschlafen, beginnt für Sie auch die Bettruhe. Oft schläft ein Welpe schon durch bis zum nächsten Morgen. Dann wird er Sie mit leichtem Wimmern wecken, da er sich lösen muss. Darauf müssen Sie auch sofort reagieren. Also schnell etwas überziehen und mit dem Hund rausgehen. Ein Welpe wird immer versuchen, nicht in sein eigenes Nest zu machen, das hat er schon beim Züchter gelernt.

Stubenreinheit

Ein Welpe sollte immer nach dem Schlafen, nach dem Fressen, nach dem Alleinsein, vor und nach dem Spielen ins Freie, wo er sich lösen kann. Am Anfang also etwa alle zwei Stunden. Zum letzten Mal vor dem Schlafengehen, etwa gegen Mitternacht. Sie sollten sich auf jeden Fall vergewissern, dass er sich auch wirklich gelöst hat, denn sonst meldet er sich sicherlich in ein paar Minuten wieder. Wenn möglich sollte der Welpe auf seinen eigenen kurzen Beinen mit Ihnen hinausgehen, denn das soll er ja lernen. Nur über eine Treppe wird er noch eine ganze Weile getragen. Treppensteigen ist für Welpen tabu.

Sollte der Welpe im Haus nervös, mit gesunkener Schnauze, schnuppernd schnelle leichte Kreise ziehen, nehmen Sie ihn schnell auf den Arm und gehen nach draußen. Dann „muss" er dringend!

Damit er weiß, dass sein Verhalten in Ordnung ist, loben Sie ihn für jede „Pfütze" und nennen Sie ihn dabei stets beim Namen. Nach ein paar Tagen hat es sich für Sie und Ihren Welpen schon gelohnt, auf jedes Anzeichen zu reagieren und zum Lösen herauszugehen. Sie haben Ihren Welpen als Belohnung zur Stubenreinheit erzogen.

Halten Sie Ihre Rausgehzeiten für den Welpen fest im Tagesprogramm, ist es auch für ihn leicht, sich an diese Zeiten zu halten. Auch Welpen verfügen über eine innere Uhr.

Und wenn sich doch mal eine Pfütze in der Wohnung findet? Dann putzen Sie die bitte kommentarlos weg, und geben Sie sich selber die Schuld. Mit dem Hund schimpfen, ihn vielleicht noch mit der Nase hineindrücken, das ist das Verkehrteste, was Sie in dieser Situation tun können. Der Hund spürt, dass Sie ärgerlich sind, er fühlt, dass Sie ihn bestrafen, aber er versteht nicht, wofür.

Das Pferd ist groß und unbekannt und auch ein bisschen beängstigend, aber wenn sein Mensch keine Angst hat, dann hat auch ein Terrier keine. (Foto: Gaby Abels)

Wichtig!

Drehen Sie draußen nicht sofort um, zurück ins Haus, sobald Ihr Welpe sich gelöst hat. Er wird sich sonst alles so lange wie möglich verkneifen, um noch draußen bleiben zu können.

Die Entwicklungsphasen eines Hundes

4.–7. Woche	*Prägungsphase*
8.–12. Woche	*Sozialisationsphase*
12.–16. Woche	*Rudelordnungsphase*
7.–12. Monat	*Pubertät*

Viel kennen lernen

Bis zur sechzehnten Lebenswoche etwa zieht sich die Phase eines Hundes, in der er sehr intensiv seine Umwelt erkundet. Alles, was er in dieser Zeit als gut oder wenigstens neutral kennen gelernt hat, bleibt „gut" bzw. „neutral", und alles, was er nicht kennen gelernt hat, macht ihm später Angst. Ihr Hund sollte also während der Welpenzeit viele neue Menschen in allen Altersgruppen kennen lernen. Gehen Sie mit Ihrem kleinen Terrier in den Park.

Je mehr verschiedene Erwachsene und Kinder er dort kennen lernt, die ihn vielleicht auch mal streicheln, oder mit ihm spielen, desto besser.

Erkunden Sie mit ihm neue Umgebungen mit fremden Geräuschen und Gerüchen. Gehen Sie mit ihm in eine nicht so belebte Einkaufsstraße, in ein Restaurant, fahren Sie mit der Straßenbahn, gehen Sie mit ihm in den Zoo, auf einen Bauernhof ... lassen Sie Ihre Phantasie spielen. Und falls sich Ihr unerschrockener Parson Jack Russell doch mal vor etwas erschrickt, was da plötzlich vor ihm auftaucht, dann zwingen Sie ihn nicht weiterzugehen. Bleiben Sie einfach ganz gelassen und geben Sie ihm Zeit seinen Schreck zu überwinden und das Unbekannte doch noch vorsichtig zu entdecken. Loben und belohnen Sie ihn jedes Mal, wenn seine Neugier siegt.

Welpenspielgruppen

Ihr kleiner Parson Jack Russell hat bei Ihnen ein Zuhause gefunden, wird geliebt, umsorgt und auch erzogen. Trotzdem fehlt ihm nun etwas sehr Wichtiges: Ihm sind alle seine Hunde-Spielgefährten abhanden gekommen und damit alle Möglichkeiten weiter zu lernen, wie Hunde richtig miteinander umgehen. Deshalb sind Welpenspielgruppen so wichtig. Sobald Ihr Hund voll geimpft ist und eine Immunität aufgebaut hat, sollten Sie mit ihm einen Welpenspielkurs besuchen. Anbieter von Welpenspielgruppen gibt es viele, doch nicht jeder ist gleich empfehlenswert. Schauen Sie sich die privaten Hundeplätze bzw. Hundeplätze von Vereinen in Ihrer Umgebung kritisch an. Und zwar schon, bevor Ihr Hund bei Ihnen eingezogen ist.

Eine Hundeschule, wo Härte gepredigt und gebrüllt wird, sollten Sie sofort von Ihrer Liste streichen!

Die Gruppe sollte möglichst nicht mehr als 10 Teilnehmer haben, alle Übungen müssen auf Spiel und Belohnung aufbauen und von einem Trainer gelenkt und beobachtet werden.

Von Welpenspielstunden, bei denen die Hunde nur unkontrolliert toben, rate ich ab, da dort Probleme entstehen können.

Erziehung ist Konsequenz

In den ersten Tagen entscheidet sich, ob Sie Ihren Hund erziehen, oder er etwa Sie. Wenn Sie in der Nacht z. B. immer wieder aufstehen, wenn der Welpe sich meldet, begreift er sehr schnell, wie nützlich Bellen und Heulen sein kann. Mit anderen Worten, was Sie später mit Ihrem erwachsenen Hund nicht erleben wollen, das dürfen Sie auch Ihrem Welpen nicht erlauben. Die Erziehung beginnt am ersten Tag. Und das Schlüsselwort heißt: Konsequenz. Konsequenz ist nicht mit Strenge, Grobheit und Handgreiflichkeit zu verwechseln.

Im Leben jeden Hundes ist es wichtig zu wissen, wo er im Rudel steht. Der Welpe wird Sie als Ersatzmutter und Führer betrachten, und sich schutzsuchend immer an Ihnen orientieren. Er will sich ja auch in das neue Rudel einfügen, und sich an die

Wenn der „Chef" aus dem Haus ist, schläft auch ein PJRT auf dem Sofa. (Foto: Gaby Abels)

Regeln halten. Deshalb darf nicht einen Tag erlaubt sein, was am nächsten verboten ist. Am besten setzt sich die Familie zusammen, noch bevor der Hund ins Haus kommt, und legt fest, was der Hund darf, und was nicht. Diese selbst gesteckten Regeln müssen dann aber auch wirklich alle Familienmitglieder konsequent durchziehen. Wenn der Hund z. B. nicht neben Ihnen auf dem Sofa liegen darf, dann ist das für ihn völlig in Ordnung. Es ist für einen Hund nicht schlimm, auf einem Kissen, auf dem Fußboden, und nicht auf dem Sofa zu liegen. Er weiß nur überhaupt nicht mehr, was erlaubt ist und wie er es richtig macht, wenn er einen Tag mit auf dem Sofa liegen darf und am nächsten mit Schimpfen wieder runterbefördert wird. Inkonsequenz verunsichert einen Hund und es fällt ihm schwerer, Kommandos zu befolgen.

Wenn Sie dann auch noch immer darauf achten, dass der Hund die gefragten Befehle auch tatsächlich ausführt und nicht nur dann, wann er es für richtig hält, werden Sie merken, wie schnell der Hund sich in sein Rudel einfügt und vor allem: auch wohl fühlt!!

Der Parson Jack Russell ist intelligent. Er lernt gerne, und wenn sich ein bestimmtes Verhalten für ihn lohnt, weil es dafür Lob und Belohnung gibt, er also ein Erfolgserlebnis hat, dann wird er sich das schnell merken und dieses Verhalten wiederholen. Aber er kann nur lernen, das zu tun, was Sie von ihm erwarten, wenn er auch versteht, was Sie von ihm wollen. Einem Welpen, der schwanzwedelnd vor Ihnen steht, das Kommando „Sitz" zu geben ist sinnlos, wenn der Hund es nicht kennt. Da hilft es auch nichts, wenn Sie das Kommando mehrfach und vielleicht immer lauter und fordernder wiederholen. Sie könnten Ihren Hund ebenso gut auf chinesisch nach der Uhrzeit fragen: Er versteht nicht, was Sie von ihm wollen. Sie müssen es ihm schon „übersetzen".

Auf den Namen hören

Das Erste, was ein junger Hund in seinem neuen Rudel lernen muss, ist sein Name. Vielleicht hat ihn sein Züchter bisher nicht mit Namen gerufen, oder Sie haben einen anderen Namen für Ihren neuen Mitbewohner gewählt, wie auch immer – der Welpe sollte so schnell wie möglich wissen, wie er heißt.

Sein Rufname sollte möglichst kurz sein, nur ein- oder zweisilbig (auch Kommissar Rex hat seinen langen Zwingernamen nur in seinen Papieren stehen) und unverwechselbar. Setzen Sie ihn gezielt ein, wenn Sie Ihren Welpen direkt ansprechen, um ihm Futter zu geben, ihm ein Spiel anzubieten, ihn zu streicheln etc. Immer folgt für den Welpen etwas Angenehmes auf seinen Namen, etwas, was es wert ist, dass er ihm sofort seine gesamte Aufmerksamkeit widmet. Damit schaffen Sie ein positives Signal, auf das Ihr Hund dauerhaft erwartungsvoll reagieren wird.

Wichtig!

Sprechen Sie Ihren Hund nicht mit Namen an, wenn Sie nur mit ihm plaudern (z. B. beim Auspacken des eingekauften Hundefutters), sonst weiß er bald nicht mehr, wann er weghören soll und wann mit konzentrierter Aufmerksamkeit reagieren.

Sitz

Jeder Hund setzt sich immer wieder von alleine hin. Am einfachsten ist es also, darauf zu achten, und genau in dem Augenblick „Sitz" zu sagen, wenn der Hund beginnt, sich zu setzen. Sitzt er, wird er gelobt und belohnt und schon nach ein paar Wiederholungen wird er das Hinsetzen mit dem Kommando verknüpfen, und anfangen sich zu setzen, sobald er das Kommando „Sitz" bekommt. Sie können ihm auch einen kleinen Leckerbissen vor die Nase halten, und dann die Hand langsam über seinen Kopf Richtung Schwanz bewegen – schon setzt sich der Hund und bekommt natürlich sofort die wohlverdiente Belohnung.

Wichtig!

Am Anfang belohnen Sie jedes Mal; wenn Ihr Hund die Übung beherrscht, nur noch ab und zu, damit die Motivation erhalten bleibt. Gelobt wird aber immer!

„Sitz ich nicht perfekt? Nun lob mich schon!" (Foto: Gaby Abels)

Platz

Wenn „Sitz" einigermaßen klappt, halten Sie dem sitzenden Hund wieder einen Leckerbissen vor die Nase und gehen mit der Hand langsam Richtung Boden zwischen seine Vorderpfoten. Er wird wahrscheinlich mit der Nase folgen und sich hinlegen. Damit er aber nicht etwa nur mit der Nase runtergeht, und den Hintern wie eine tauchende Ente in die Luft hält, legen Sie ihm die andere Hand auf den Rücken, zwischen die Schulterblätter, und drücken sanft nach unten und nach hinten. Loben und belohnen!

Alle Kommandos können (und sollten) mit Handzeichen verbunden werden, damit der Hund sie auch auf weite Entfernung versteht. (Foto: Gaby Abels)

Wichtig!

Egal, was Sie trainieren, immer nur wenige Minuten lang, immer mit einer Belohnung aufhören und dann gemeinsam spielen.

Bleib

Das ist eines der wichtigsten Kommandos. Nur wenn der Hund darauf hört und gehorcht, können Sie ihn vor Gefahren schützen, die er gar nicht sieht, weil er z. B. schnell aus dem Auto springen, über die Straße laufen, aus der Haustür stürmen will. Es gibt täglich Situationen, in denen Sie das Kommando „Bleib" oder „Warte" brauchen. Lassen Sie den Hund sich setzen, geben Sie ihm das Kommando „Bleib!" (vielleicht gleich verbunden mit einem Sichtzeichen, z. B. der erhobenen, gespreizten Hand, wie ein Stopp-Zeichen) und gehen Sie ein, zwei Schritte zurück. Das reicht für den Anfang. Und wenn Ihr Hund ein paar Sekunden durchhält und erwartungsvoll schauend stillgesessen hat, gehen Sie zurück, loben und belohnen ihn. Erst nach und nach Entfernung und auch die Zeit steigern.

Falls Ihr Hund nicht stillsitzt und Ihnen sofort nachläuft, bitte nicht schimpfen, einfach ohne Kommentar zurück zum Ausgangspunkt und alles noch einmal wiederholen. Für ein Energiebündel wie den Parson Jack Russell ist es wirklich nicht so einfach, geduldig auf etwas zu warten.

Wichtig!

Sagen Sie nur „Bleib!", sprechen Sie Ihren Hund bei diesem Kommando nicht mit seinem Namen an; er hält es sonst für eine Aufforderung zum Nachlaufen.

Komm

Am schnellsten und besten lernt das jeder Hund, wenn es für ihn mit einer angenehmen Erfahrung verbunden ist, mit Futter zum Beispiel. Nutzen Sie die Futterzeiten deshalb für das erste Komm-Training: Teilen Sie die normale Futterportion in mehrere kleine Portionen. Rufen Sie Ihren PJRT: erst im gleichen Raum, dann aus dem Nebenraum, dann vielleicht, während ihn ein Familienmitglied im anderen Zim-

Bei allem Lernen nicht vergessen – Welpen brauchen noch viiiiel Schlaf. (Foto: Ulrike Schanz)

mer ablenkt ... Erst wenn das „Komm" im Haus gut klappt, können Sie auch draußen trainieren. Rufen Sie Ihren Hund dort anfangs nur, wenn Sie sicher sind, dass er auch kommen wird, Sie also seine Aufmerksamkeit haben. Einen abgelenkten Hund, der z. B. gerade mit einem Freund spielt, abzurufen, das kommt erst später. Lob und Belohnung für das Herkommen nicht vergessen!

WICHTIG!
„Komm" muss für den Hund immer die Vorankündigung für etwas Angenehmes bleiben. Rufen Sie Ihren Hund draußen immer nur, um ihn anzuleinen und mit ihm nach Hause zu gehen, wird für ihn „Komm" schnell das Ende von allem Angenehmem – und Ihr Terrier wird die Ohren auf Durchzug stellen.

AN DER LEINE GEHEN

Ihr Welpe wird sich wahrscheinlich beim ersten Spaziergang wie ein eingefangenes Wildpferd aufführen. Es gibt aber auch Naturtalente, die akzeptieren Halsband und Leine, als hätten sie nie etwas anderes gekannt. Trotzdem sollten Sie vom Gegenteil ausgehen. Mit gutem Zureden und kleinen Belohnungen werden Sie erst einmal ein paar Meter gemeinsam mit durchhängender Leine schaffen. (Die ersten Übungen verlegen Sie am besten in die Wohnung.) Mit diesem Ergebnis sollten Sie am Anfang schon zufrieden sein. Üben Sie, wie alles, mehrmals am Tag für fünf Minuten, und steigern Sie ganz allmählich die Spazierzeit. Lange Märsche sollten Sie unbedingt vermeiden und richtig Bei-Fuß-Gehen lernt der Hund auch erst später.

WICHTIG!
Lassen Sie den Hund sich austoben, bevor Sie mit ihm Leinenführigkeit üben, denn Sie zwingen ihn damit zu einer Menschen-Gangart, die einem PJRT viel zu langsam und zu langweilig ist.

ALLEIN BLEIBEN

Als Rudeltier ist es für einen Hund nicht normal, allein zu sein. Für einen Welpen ist es noch schwerer, da er ja bisher immer in der Gesellschaft seiner Mutter und seiner Geschwister war. Deshalb ist es wichtig, ihn in kleinen Schritten daran zu gewöhnen. Hat Ihr Welpe sich schon einige Tage eingewöhnt, können Sie langsam mit dem Training beginnen. Der günstigste Moment ist, wenn der Kleine satt, entleert und müde ist, und ein bisschen schlafen möchte. Geben Sie ihm noch sein Lieblingsspielzeug zur Gesellschaft und vielleicht noch ein ungewaschenes T-Shirt, das nach Ihnen riecht, und verlassen Sie das Zimmer ohne jeden Abschied.

Sollte der Welpe jetzt anfangen laut zu weinen, hören Sie am besten gar nicht hin. Wenn Sie sofort zurückgehen und ihn trösten, bestätigen Sie ihn für sein Rufen. Das nächste Mal wird er es wieder tun, notfalls auch länger und lauter. Und mit ihm schimpfen oder ihn gar bestrafen dürfen Sie auf keinen Fall. Das könnte eine echte Verhaltensstörung auslösen, weil Ihr Hund

Alleine bleiben lernt sich leichter auf der Lieblingsdecke und mit etwas Ablenkung. (Foto: Gaby Abels)

dann Ihre Rückkehr zwar ersehnt, zugleich aber fürchtet. Gehen Sie nach kurzer Zeit einfach mit der größten Selbstverständlichkeit zurück ins Zimmer, so als wäre nichts geschehen.

Üben Sie das immer wieder, mit größeren Zeitabständen, bis Sie von ein paar Minuten auf zwei, drei Stunden gekommen sind. Wenn es für Ihren Hund normaler Alltag geworden ist, für eine Weile allein zu sein, können Sie ihn auch daran gewöhnen, an anderen Orten allein gelassen zu werden.

Lass das!

Welpen sind wie kleine Kinder, grenzenlos neugierig, und sie probieren alles aus. Kinder greifen mit den Händen zu, Welpen mit den Zähnen. Sie knabbern alles an, was sie entdecken. So lernen sie es nicht nur kennen, das Knabbern macht außerdem Spaß, vertreibt Langeweile und es hilft ihnen gegen das Jucken und Schmerzen im Maul, wenn die neuen Zähne durchbrechen. Dinge kaputtkauen ist also für einen kleinen Parson Jack Russell ein

Alle Welpen sind gut darin, neues „Spielzeug" zu entdecken und kaputtzuspielen. Aber der PJRT ist noch besser. (Foto: Ulrike Schanz)

dreifaches Erfolgserlebnis, und damit genau das, was er will! Manchmal ist der Erfolg sogar noch größer: Wenn nämlich sein Mensch, der bisher voll mit etwas anderem beschäftigt war, angerannt kommt, sobald der Welpe wieder zubeißt. Schon zählt ein kleiner Terrier eins und eins zusammen und setzt seine Zähne gezielt ein, um sich einen Spielpartner herbeizurufen.

Gegen Knabbern aus Langeweile und Zahnschmerzen hilft viel Kau-Spielzeug, gegen Zubeißen aus Neugier vor allem Aufräumen und ein lautes, energisches „Nein!" oder „Lass das!", vielleicht noch verstärkt von lautem Händeklatschen. Das reicht in der Regel. Notfalls greifen Sie Ihrem Welpen über die Schnauze, wie es auch eine Hundemutter tun würde. Und wenn die Knabberlust doch größer sein sollte als der Gehorsam, und Ihr kleiner Dickschädel wieder zubeißt, sobald er sich alleine glaubt, dann verderben Sie ihm den Spaß. Wenn ihn beim ersten Biss ein Wasserstrahl aus einer Blumenspritze trifft, oder ihm ein Kissen ins Kreuz fliegt, und er weiß nicht woher, dann verknüpft er dieses Unangenehme mit seinem Kauen und lässt es deshalb sein.

Wie wirkt man dem Jagdinstinkt entgegen?

Mein Vater hat eine Parson Jack Russell Terrier Hündin namens „Cyrill". Mit dieser Hündin geht er täglich frei laufend über Wiesen und am angrenzenden Strand spazieren.

Eines Tages, da der Feldweg sehr nass und matschig war, änderten die beiden ihren Spaziergang in eine andere Richtung. Cyrill lief, eigentlich wie immer, ein kleines Stück voraus. Dann geschah etwas Merkwürdiges:

Cyrill wurde nervös, lief aufgeregt, die Nase senkend auf dem Boden haltend, schlangenförmig und schnell werdend voraus. Auf einmal war Cyrill hinter einer Lichtung verschwunden. Sie hörte absolut nicht mehr. Damit hatte mein Vater den Kampf gegen Cyrills Jagdinstinkt verloren. Er hätte, als die Hündin anfing, nervös zu werden, sie sofort zurückrufen und anleinen sollen.

Jetzt geht Cyrill grundsätzlich angeleint spazieren. Frei läuft sie nur noch auf gut überschaubaren Flächen. Wenn ihr Jagdinstinkt wieder einmal geweckt wird, wird sie gleich zurückgerufen und angeleint.

Ich betone es gegenüber PJRT-Neulingen eigentlich ständig, dass man diesen Hund gleich anfangen muss zu erziehen. Dazu gehört auch das Kommen, wenn man ihn ruft! Üben Sie es schon in den ersten Tagen in der Wohnung, dann draußen, ohne jede Ablenkung und schließlich auch aus Kontakt- und Spielsituationen. Rufen Sie anfangs Ihren Hund nur dann, wenn Sie sicher sind, dass er auch kommen wird, und belohnen Sie ihn dafür. Das Kommando „Komm" soll für den Hund etwas so Positives werden, dass er gerne kommt. Schimpfen Sie nicht mit Ihrem Hund, wenn er nicht gleich oder nur langsam kommt. Und rufen Sie ihn nicht nur um ihn anzuleinen oder nach Hause zu gehen. In allen drei Fällen lernt Ihr Hund sonst nur, dass „Komm" für ihn etwas Unangenehmes bringt. Da stellt ein kluger Hund seine Ohren schnell auf Durchzug.

Zusätzlich sollten Sie Ihren Welpen so früh wie möglich mit anderen Tieren in Kontakt bringen.

Gehen Sie mit ihm auf einen Bauernhof, in ein Tiergehege oder einen kleinen Zoo, in den auch Hunde Zutritt haben. Geht Ihr Welpe auf die Tiere zu und fängt evtl. an zu knurren, geben Sie das Kommando „STOP" mit einem kleinen Ruck an der

Leine und einem sofortigen Lob, wenn er auf Sie hört.

Welpen lernen aus so einer Situation sehr schnell.

Schaffen Sie sich eine 5-Meter-, aber besser eine 10-Meter-Suchleine an. Gehen Sie mit Ihrem Hund auf eine von Kaninchen stark besiedelte Wiese und setzen Sie sich mit Ihrem Hund dort angeleint hin. Gibt er jetzt Gas, um zu den Kaninchen zu gelangen, bestraft er sich selbst. Nichts ist unangenehmer für einen Junghund oder erwachsenen PJRT, als wenn er nach 5 bzw. 10 Metern abrupt abgebremst wird. Diese Übung sollten Sie dort öfter wiederholen. Wenn sowohl „Komm" als auch das Nicht-Nachjagen halbwegs funktionieren, ist der erste Spaziergang ohne Leine schon gut vorbereitet. Rückschläge gibt es immer wieder, aber von Mal zu Mal wird es besser. Je jünger der Hund ist, umso leichter ist das Training, auch der Folgeinstinkt ist bei einem Welpen eine große Hilfe.

Ist der Hund schon älter, hat es sich auch bewährt, vor dem Freilauf im Wald ca. 10 Minuten Grundkommandos zu trainieren (Sitz, Platz, Bleib, Fuß).

Nach jedem Jagdversuch sollte man sofort, mit allem Nachdruck, an Ort und Stelle, die Grundgehorsamsübung wiederholen. In der Regel ist es dem Hund zu anstrengend und er wird es sich zweimal überlegen, ob es sich lohnt, für ein paar Sekunden Spaß ein hartes Training auf sich zu nehmen.

Die optimale Lösung wird es nie geben, aber ein Parson Jack Russell Terrier lernt schnell, auch wenn er noch so alt ist.

Mindestens einmal am Tag muss Zeit sein für eine gemeinsame Spiel- und Toberunde.

Spielen

Das Spielen zwischen Mensch und Hund ist nicht nur ein gemeinsamer Spaß und stärkt die Bindung, es ist ebenso eine wichtige Hilfe bei der Erziehung eines jungen Hundes. Einer unserer Welpen z. B. lief beim Spazierengehen immer sehr weit vor, und beim Zurückrufen machte er seine Ohren grundsätzlich zu. Da hatten wir eine funktionierende Idee: Wir spielten Verstecken. Der Welpe lief wieder weit voraus. Da stellten wir uns hinter einen großen

Beim Ballspiel verwandelt sich ein PJRT schnell in einen „Flug"-Hund. (Fotos: Gaby Abels)

Baum und riefen ihn. Er drehte sich um und sah uns nicht mehr. Schon ging die Suche los. Er fand uns, wurde belohnt und durfte dann weiterlaufen. Dieses Spiel haben wir dann öfter wiederholt, und siehe da, dieser Hund läuft heute, wo er im Seniorenalter ist, nicht mehr voraus.

Spielen kann auch eine Therapie sein, um bei einem Hund eine schlafende Angriffsbereitschaft abzubauen, und ganz besonders wichtig ist das gemeinsame Spiel für Hunde, die viel allein sind. Dabei lernt Ihr Hund, sich auch mal selbst zu beschäftigen und ohne Sie zu spielen.

Hunde und Fernsehen

Es wird oft behauptet, Hunde könnten mit Fernsehen nichts anfangen und schon gar nicht erkennen, ob da gerade ein Hund oder ein anderes Tier zu sehen ist. Aber wer mit einem Hund lebt, weiß, dass sie bisweilen sehr interessiert in die Flimmerkiste schauen. Und ich behaupte, unsere Hunde erkennen alle Tiere auf dem Bildschirm; auch Zeichentrick-Ameisen, die etwas umhertragen.

Unsere Hündin „Abby" schätzt besonders Werbefernsehen. Es begann damals, als eine große Fluggesellschaft einen ganz bestimmten Werbespot herausbrachte. Abby konnte noch so tief schlafen, aber wenn die Musik dieses Werbespots begann, war sie sofort hellwach. Sie setzte sich in Lauerstellung auf, die Vorderpfoten über Kreuz. Nun ging es los. Auf dem Bildschirm wurde eine Familie sichtbar. Das erste Familienmitglied sagte: „Ich wünsche mir die Sonne." Abby stand auf und wartete sprungbereit auf dem Sofa. Das nächste TV-Familienmitglied sagte: „Ich wünsche mir Palmen." Nun zitterte Abby schon vor Aufregung. Nun war es soweit. Das Kind der TV-Familie sagte: „Und ich wünsche mir eine Kuh." Die Kuh erschien auf dem Bildschirm und Abby sprang ab. Mit einem zielgeraden Sprung zum Fernseher, um nach der erschienenen Kuh zu schnappen. Wir wissen bis heute nicht, was dazu den Anlass gab. Eines wissen wir aber sehr genau: Lebende Kühe beachtet Abby nicht.

Freizeitspass

Am Rad laufen

Etwa ein Jahr sollte der Parson Jack Russell Terrier alt sein, um am Fahrrad mitzutraben. Er sollte langsam lernen, an der durchhängenden Leine rechts neben dem Fahrradfahrer zu laufen. Man fährt die ersten Male nur sehr kurze Strecken und verlängert sie nach und nach. Denn auch ein Parson Jack Russell Terrier kann Muskelkater bekommen. Im Sommer, an heißen Tagen, sollte man besser in den frühen Morgenstunden oder in den späten Abendstunden Rad fahren.

Weil nicht jeder Hund diszipliniert frei neben dem Fahrrad läuft, es aber gefährlich ist, beim Fahren die Hundeleine fest in der Hand zu halten, hat sich die Hundezubehörindustrie etwas sehr Sinnvolles einfallen lassen: einen speziellen, gefederten Führbügel, den man am Fahrrad befestigt. Darüber ist der Hund mit dem Fahrrad verbunden und der Hundeführer hat seine Hände frei am Lenker.

Mit dem Fahrrad kann man auf Feld- und Waldwegen fahren, mit Inline-Skatern nicht. Laufen auf hartem Asphalt aber ist Gift für Hundepfoten, Inline-Skating deshalb auch kein Sport für Hunde.

Wandern

Ist Ihr Parson Jack Russell Terrier ausgewachsen, wird er sehr gerne mit Ihnen auf langen Wanderungen die Natur erleben. Hier ist es egal, ob Sie auf dem Flachland am Strand oder in den Bergen wandern. Eines sollten Sie auf jeden Fall beachten: Machen Sie öfter als früher, wo Sie noch ohne Hund wanderten, eine Pause, und nehmen Sie für Ihren Vierbeiner genügend Wasser zum Trinken mit. Leinenzwang gilt in allen Naturschutzgebieten und Wäldern! Außer-

Ein erwachsener Parson Jack Russell ist mit einer Wanderung nicht müde zu kriegen, egal, wie lang sie geht. (Foto: Gaby Abels)

dem gibt es auch Menschen auf den Wanderwegen, die nicht von Hunden begeistert sind. Oft fühlen sie sich durch frei laufende Hunde belästigt oder geängstigt. Nehmen Sie bitte auch auf diese Menschen Rücksicht. Wenn Sie mit einem jungen Parson Jack Russell Terrier in den Wanderurlaub fahren, schaffen Sie sich einen Hunderuksack an. Der ist nicht nur sehr praktisch, sondern Ihr junger Hund kann sich sehr gut während der Wanderung auf Ihrem Rücken ausruhen und wird nicht überanstrengt.

Frisbee

Auch dieses ist eine heiß geliebte Sportart des Parson Jack Russell Terriers. Sie kann Ihrem Hund dazu verhelfen, stärkere Muskeln zu bekommen. Frisbee ist für einen Parson Jack Russell Terrier ein Hochleistungssport und sollte, genauso wie das Fahrradfahren, nicht übertrieben werden. Fangen Sie am besten erst mit einem ausgewachsenen Hund an. Das hält Ihren Hund gesund und fit. Spielen Sie immer auf großen, übersichtlichen Wiesen oder

Spezielle Hunde-Frisbees schützen die Lefzen vor Verletzungen beim Fangen. (Foto: Ulrike Schanz)

großen freien Plätzen, damit sich Ihr Hund nicht verletzen kann, wenn er mit Blick auf die fliegende Scheibe über die Fläche jagt. Und natürlich darf es auch kein normales Plastik-Frisbee sein, sondern nur eine spezielle Hundescheibe, die beim Fangen nicht zu Verletzungen im Maul führt.

Joggen

Nichts spricht dagegen, mit seinem Parson Jack Russell Terrier zu joggen. Er sollte allerdings sehr gut erzogen sein. Damit Sie Ihre Hände frei bekommen, empfiehlt sich der Kauf eines Bauchgurtes, in den die Leine eingehakt wird.

Tricks lernen

Ich erwähnte ja schon vor einigen Kapiteln, dass der Parson Jack Russell Terrier für jeden Spaß zu haben ist, gerne und schnell lernt. Nicht umsonst haben die Werbeagenturen und Filmemacher ein starkes Auge auf diese Rasse geworfen.

Lassen Sie sich am besten sinnvolle Tricks einfallen. Ihr Hund wird sie sicherlich in Ihren Tagesablauf mit einarbeiten. Sie können ihm z. B. beibringen, selber sein Spielzeug in die Spielkiste aufzuräumen (Sie warten an der Spielkiste, wenn er mit einem Spielzeug kommt, und wenn er den Kopf darüber hat, werfen Sie ihm ein Leckerli hinein. Er wird das Spielzeug fallen lassen und die Belohnung aufnehmen. Dabei bekommt er sein Kommando „Aufräumen" ...) oder Sie bringen ihm die Namen verschiedener Gegenstände bei, die er dann auf Kommando für Sie holt, oder auch nur einfach Winken, Verbeugen, Kriechen etc. Lassen Sie ruhig Ihre Phantasie spielen. Und wundern Sie sich nicht, wenn Ihr Hund sich für jede passende Gelegenheit selbst etwas ausdenkt.

Eine unserer Hündinnen hat vor langer Zeit nach einer Pfotenverletzung festgestellt, dass die Leute, die zu Besuch kommen, sie mehr beachten, wenn sie humpelt. Fazit: Diese Hündin fängt an, bei passender Gelegenheit zu humpeln, wenn sie meint, sie wird nicht mehr beachtet. Ihre Pfote und ihr Bein sind nicht verletzt, aber Besucher, die diese Hündin nicht kennen, fallen auf ihren Trick herein.

Neben Ball spielen, Gegenstände in Haus und Garten verstecken und wiederfinden lassen, oder Spielgeräte im Garten aufstellen (Kindertunnel!), sind gerade solche Tricks eine gute Möglichkeit, den Hund sinnvoll zu beschäftigen, wenn Sie keine Lust haben auf starke sportliche Aktivitäten, Turniere bzw. prüfungsmäßige Arbeiten.

Schwimmen

Parson Jack Russell schwimmen und tauchen in der Regel sehr gerne. Zwingen Sie Ihren Hund aber nicht zum Schwimmen. Es gibt nämlich wie beim Menschen auch wasserscheue Terrier.

Unsere Hunde schwimmen, bis auf die glatthaarige Hündin, sehr gerne. Schon wenn die Welpen gerade sechs Wochen alt sind, ist unser Fischteich vor ihnen nicht

Meeresbrandung kann doch einen Parson Jack Russell nicht am Schwimmen hindern. (Foto: Karl-Joachim Struck)

sicher. Natürlich sollte man seinen Hund nur unter Aufsicht schwimmen lassen.

„Dacapo", ein Parson Jack Russell Terrier unserer Bekannten, machte vor ein paar Jahren Urlaub an einem Kanal.

Die Besitzer, aber auch Kinder spielten mit Dacapo am Kanal immer wieder Steine suchen. Dacapo hatte seinen Spaß an diesem Spiel. Er taucht nämlich für sein Leben gern und sucht im tiefen Wasser nach den geworfenen Steinen. Eines Tages, als mal wieder ein Stein geworfen wurde, tauchte Dacapo einfach nicht wieder auf. Verwirrt und hilflos schauten die Besitzer suchend ins Wasser. Da riefen die zuschauenden Kinder: „Da ist er, er läuft auf der gegenüberliegenden Kanalseite auf und ab."

So war es auch tatsächlich. Dacapo lief am anderen Ufer hin und her und freute sich. Nach einiger Zeit, sprang er wieder ins Wasser, und schwamm zu seiner Familie zurück.

Dieses Abenteuer ging also gut aus, doch auch Hunde können sich überschätzen.

Sportpartner PJRT

Wie schon mehrfach gesagt, ist der Parson Jack Russell Terrier ein sehr aktiver Hund und verlangt nach viel Beschäftigung. Es reicht nicht, einfach nur mit ihm spazieren zu gehen, vielleicht sogar immer um die gleiche Tageszeit die gleiche Strecke, sondern es geht darum, den Hund auch geistig zu fordern. Weil er ein Hund ist, der „action" braucht, der lernen, arbeiten, gefordert sein will, ist ein gemeinsamer Sport mit ihm unbedingt zu empfehlen. Der hält Mensch und Hund gleichermaßen fit und fertigt ihre Bindung zueinander.

Wenn Sie sich auf Hundeplätzen die angebotenen Möglichkeiten anschauen, sollten Sie sehr stark darauf achten, dass Sie auch Vertrauen in das setzen, was die jeweiligen Ausbilder dort erzählen und ob Sie es für sich selbst und den eigenen Hund gut befinden.

Die meisten Sportarten skizziere ich im Folgenden nur, ausführlich aber will ich die Begleithundeprüfung beschreiben, damit Sie sehen, wie wichtig es ist, sie mit Ihrem Parson Jack Russell Terrier abzulegen, da man sie auch im täglichen Gebrauch, auf Spaziergängen, in der Stadt, im Urlaub usw. immer wieder brauchen kann. Irgendwann, in absehbarer Zeit, wird der Gesetzgeber diese Prüfung von allen Hundeführern und ihren Hunden fordern.

Für Hundefreunde, die sich gern sportlich mit ihrem Vierbeiner beschäftigen möchten, ist Folgendes wichtig: Für alle Turniere, Prüfungen etc. ist die Begleithundeprüfung Voraussetzung!

Begleithundeprüfung (BH)

Früher wurde sie Verkehrssichererbegleithundprüfung (VB) genannt, was eher den Sinn dieser Prüfung erklärt. Erst als die VB auch zur Pflicht und Voraussetzung für die Schutzhundprüfung wurde, bekam sie ihren jetzigen Namen.

Sinn und Zweck dieser Prüfung ist es, einen wesensfesten Begleiter, den Hund, zu haben, mit dem man sich in der Öffentlichkeit und im Straßenverkehr frei bewegen kann. Für die Agility ist die BH ohne Schuss, kurz BHA, Pflicht, damit der Hund auch da seine Unterordnung zeigt.

Die Begleithundeprüfung besteht aus zwei Teilen.

Teil A: Die Unterordnung, die auf dem Hundeplatz oder einem ausreichend großen freien Gelände abgelegt wird.

Leinenführigkeit und Unbefangenheit

Der Hundeführer geht in der Leinenführigkeit mit seinem angeleinten Hund ca. 40 Schritte hin und zurück, ohne ein Halten zu zeigen. Auf der Geraden ist diese Übung im gewöhnlichen, langsamen und im Laufschritt zu erledigen. Im gewöhnlichen Schritt sind mindestens eine rechts-, links- und Kehrtwendung zu zeigen. Beim Angehen und bei Gangartwechsel ist nur ein Hörzeichen erlaubt. Nachdem der Hundeführer die Leinenführigkeit beendet hat, geht er mit seinem Hund durch eine sich bewegende Gruppe, die aus mindestens 4 Personen bestehen muss. Der Hundeführer hat in der Gruppe mindestens einmal zu halten.

Freifolge

Der Richter ordnet an, dass der Hundeführer seinen Hund ableint und die Leine in die Tasche steckt. Nun begibt sich der Hundeführer wieder in die Gruppe, um dort mindestens einmal anzuhalten. Danach zeigt der Hundeführer aus einer Grundstellung heraus die gleiche Übung analog zur Leinenführigkeit. Während der Hundeführer diese Übung ausführt (nicht in der Gruppe), werden zwei Schüsse abgegeben. Der Hund muss sich dem Knall gegenüber gleichgültig zeigen, ansonsten scheidet er sofort von der Prüfung aus.

Hinsetzen und sitzen bleiben

Der Hundeführer geht aus der Grundstellung mit seinem abgeleinten Hund geradeaus. Nach ca. 10- 12 Schritten hat der Hund sich auf das Hörzeichen „Sitz" schnell hinzusetzen. Der Hundeführer entfernt sich 30 Schritte und dreht sich dann dem Hund zu. Nach ca. einer Minute kehrt der Hundeführer zu seinem Hund zurück, begibt sich an seine rechte Seite und nimmt wieder die Grundstellung ein.

Ablegen in Verbindung mit herankommen

Aus der Grundstellung geht der Hundeführer mit seinem abgeleinten Hund geradeaus. Wieder nach 10–12 Schritten hat sich der Hund auf das Kommando „Platz" schnell hinzulegen. Der Hundeführer entfernt sich nun 30 Schritte, dreht sich zum

Hund. Auf Anweisung des Richters ruft der Hundeführer seinen Hund ab. Auf das Kommando „Fuß" hat sich der Hund neben den Hundeführer zu setzen.

Ablegen und Ablenkung

Vor Beginn der Unterordnung eines anderen Hundes legt der Hundeführer seinen Hund in ca. 40 Schritt Entfernung ab, ohne die Leine oder einen anderen Gegenstand beim Hund zu lassen. Der Hundeführer entfernt sich dann 40 Schritte vom Hund und bleibt mit dem Rücken zum Hund ruhig stehen. Nachdem der folgende Hund die Unterordnung 1–4 ausgeführt hat, holt der Hundeführer seinen Hund wieder ab.

Teil B: Der Verkehrsteil, der im öffentlichen Verkehrsraum mit wenig Verkehr durchgeführt wird. Gerne werden öffentliche Plätze mit viel Publikumsverkehr, wie Bahnhofsvorplatz, Ladenstraße oder Ähnliches genommen.

Führigkeit und Verhalten im Straßenverkehr

Auf Anweisung des Prüfers geht der Hundeführer mit seinem angeleinten Hund einen angewiesenen Straßenabschnitt auf dem Gehweg. Auf der linken Seite des Hundeführers soll der Hund willig folgen. Der Hund soll sich gegenüber den Fußgängern und dem Straßenverkehr gleichgültig verhalten. Auf seinem Weg wird der Hundeführer von einem vorbeilaufenden Fußgänger geschnitten. Etwas später wird er von einem Radfahrer von hinten überholt, so dass sich der Hund zwischen Fahrradfahrer und Hundeführer befindet. Dieser Fahrradfahrer klingelt beim Vorbeifahren. Danach dreht sich der Hundeführer um und geht direkt auf den Prüfer zu und bleibt direkt vor ihm stehen. Dort begrüßen sich der Prüfer und Hundeführer per Handschlag, wobei man sich unterhält. Der Hund hat sich während der Zeit ruhig zu verhalten.

Verhalten des Hundes unter erschwerten Verkehrsbedingungen

Der Hundeführer bewegt sich auf Anweisung des Prüfers mit dem angeleinten Hund mitten im starken Passantenverkehr. Zweimal hat der Hundeführer anzuhalten. Beim ersten Mal hat sich der Hund auf Anweisung zu setzen und beim zweiten Mal auf „Platz" schnell hinzulegen. Während dieser Übung ist ein Verweilen an einer Stelle mit außergewöhnlichen Geräuschen einzuflechten (starker Straßenverkehr, Straßenbahn, Unterführung usw.).

Verhalten des kurzfristig allein gelassenen Hundes und Verhalten gegenüber Tieren

Mit angeleintem Hund geht der Hundeführer auf Anweisung auf dem Gehweg einer mäßig belebten Straße. An einer geeigneten Stelle leint der Hundeführer seinen Hund an einem Zaun, Straßenlaterne oder Ähnlichem an. Dann begibt sich der Hundeführer außer Sicht. Während seiner Abwesenheit wird ein anderer Hund im Abstand von 5 Schritt am festgeleinten Hund vorbeigeführt. Der allein gelassene Hund hat sich ruhig zu verhalten. Er muss den vorbeigeführten Hund ohne Angriffshandlung passieren lassen.

Obedience

Auch Obedience (= Gehorsamkeit) ist ein großer Spaß für die Beteiligten, und auf dem Weg ein Breitensport zu werden. Es basiert auf so einfachen Übungen wie Sitz, Platz, Bei-Fuß-Gehen oder Apportieren. Allerdings ist alles ausgefeilter und flexibler als bei der herkömmlichen „Unterordnung", und die Prüfungsordnung ist nicht starr, wie bei der Begleithundeprüfung. Es ist sozusagen wie bei einer Kür, der Richter entscheidet die Reihenfolge, in der er die Kommandos und einzelnen Übungen sehen möchte. Entscheidend für die Wertung ist nicht die Zeit oder die Fehler, sondern auch die Harmonie zwischen Mensch und Hund, und die Freude mit der ein Hund arbeitet.

Wendig, schnell und schlau müssen Hunde für Agility sein. Ein idealer Sport für den Parson Jack Russell! (Foto Gaby Abels)

Agility

Agility ist auf einer Ausstellung in Großbritannien vor einigen Jahren auf der Crufts entstanden und basiert ursprünglich auf dem Turniersport der Springpferde. Es gilt dabei einen Parcours mit bis zu 20 Hindernissen und möglichst kurzer Zeit fehlerfrei zu meistern. Diese Hindernisse sind Hoch- und Weitsprünge, Tunnel, Slalom, A-Wand, Wippe etc. Der Mensch läuft mit und gibt die Kommandos, der Hund bewältigt die Hindernisse, die in ihrer Höhe der Größe der Hunde angepasst sind. Über die Details gibt es in der Zwischenzeit reichlich Fachliteratur. Es ist toll mit anzusehen, mit welcher Begeisterung und Geschwindigkeit die Hunde und ihre Besitzer die Parcours bewältigen.

Flyball

Diese Sportart aus den USA ist für einen Parson Jack Russell Terrier eine sehr gute Auslastung. Flyball besteht aus einer kurzen Laufstrecke, vier niedrigen Sprunghürden und einer Ballwurf-Maschine. Der Hund wird selbstständig über die vier Hürden zur Ballmaschine geschickt. Dort löst er durch einen Pfotendruck die Wurftaste aus. Ein Tennisball wird ausgeworfen, vom Hund gefangen, und über die vier Hürden zurück zu seinem Menschen apportiert.

Flyball ist ein Mannschaftssport. Es starten immer zwei Mannschaften, jeweils mit vier Hunden als Staffel, gegeneinander. Sieger ist die Mannschaft, die am schnellsten war und die wenigsten Fehler aufweist.

Der Parson Jack Russell Terrier liebt diese Sportart, da er hier richtig gefordert wird.

Turnierhundesport

Was früher Breitensport genannt wurde, heißt heute Turnierhundesport, und teilt sich wiederum in verschiedene Wettbewerbe und Klassen. Grundsätzlich gibt es vier Sparten in dieser Sportart:

Hindernislauf, CSC, Geländelauf und Vierkampf.

Hindernislauf

Es ist eine einfache Laufstrecke von 75 Metern mit acht gleichen Hindernissen. Die Strecke verläuft hierbei in den meisten Fällen gerade.

CSC

CSC ist die Abkürzung für Combination-Speed-Cup. Er besteht aus Slalom-, Hindernis- und Hürdenlauf, ist also eigentlich ein Dreikampf aus den Laufdisziplinen des Vierkampfes. CSC wird als Einzel- und als Mannschafts-Wettbewerb ausgetragen. Beim Mannschafts-Wettbewerb muss nicht jeder Hund alle drei Prüfungsteile absolvieren, sondern der Trainer kann auf jede Strecke ein anderes Team schicken.

Geländelauf

Mit dem angeleinten Hund wird eine Laufstrecke von 2000 oder 5000 Metern zurückgelegt.

Als Jugendsport wird Canine Cross (CC) langsam bekannt. Es ist ein Geländelauf über drei bis vier Kilometer für junge Hundesportler (fünf Alterskategorien von acht bis achtzehn Jahre). Auf der Strecke eingebaut sind Hindernisse, die irgendwie zu bewältigen sind: durch eine Röhre kriechen, über einen Balken balancieren, über eine Wand klettern, einen Bach springen etc. Wer ein Hindernis auslässt, kassiert Strafminuten. Am Ende zählt nur die Endzeit.

Vierkampf

Wie bei der Begleithundeprüfung besteht der Vierkampf zunächst aus einem Gehorsamsteil. Danach wird ein Hürdenlauf bewältigt. Hier stehen drei Hürden in einer geraden Linie. Der Slalomlauf ist ein Zickzackkurs aus Toren, der von Mensch und Hund, wie beim Skislalom, anschließend gemeinsam genommen wird. Schließlich bewältigt der Hund einen Hindernislauf. Der Parcours besteht immer aus gleichartigen Hindernissen.

Die Nase am Boden folgt der Hund der vom Prüfer gelegten Fährte. Sein Mensch darf nur im Abstand folgen. (Foto: Gaby Abels)

Fährten

Wie alle Jagdhunde, ist der Parson Jack Russell Terrier mit einer sehr guten Nase ausgestattet, und deshalb auch für die Fährtenarbeit sehr geeignet. Fährtenarbeit bedeutet, dass ein Fährtenleger eine Spur im Feld in einer bestimmten Form läuft. Dann wird eine Weile gewartet und der Hund soll die Spur wiederfinden, und ihr von Anfang bis Ende folgen. Im Übrigen braucht man keine Angst zu haben, dass der Hund durch die Fährtenarbeit auf den Geschmack gebracht wird, auch Wildspuren aufzunehmen und zu jagen. Dies ist nicht gegeben, da ja immer nur menschliche Spuren abgesucht werden.

Reitbegleithund

Dieses Kapitel handelt nicht von den unzähligen Jack Russell Terriern, die morgens zusammen mit den Reitern und Pferden auf dem Turniergelände ankommen, dort aus dem Wagen gelassen werden, den ganzen Tag unbeaufsichtigt über den Turnierplatz laufen und dann nach Beendigung wieder eingesammelt werden und in der Zwischenzeit sowohl bei Turnierveranstaltern, wie auch bei Reitern und Zuschauern für Verärgerung sorgen. Hier geht es um den wirklichen Pferdebegleithund.

Von seiner körperlichen Konstitution her ist der Parson Jack Russell Terrier der ideale Begleithund. Er ist lauffreudig, ausdauernd und kann längere Stecken im Trab neben dem Pferd herlaufen. Allerdings gehört neben den körperlichen Gegebenheiten noch einiges mehr zu einem guten Pferdebegleithund. Da muss man eine konsequente Erziehung von Anfang an in den Vordergrund stellen. Einen Hund vom Pferd aus zu dirigieren, ist allemal schwieriger als vom Boden.

Man sollte schon den Welpen mit in den Pferdestall nehmen, um ihn mit seinen späteren Begleitern vertraut zu machen. Führen Sie die beiden spielerisch zusammen. Aber achten Sie darauf, dass der Welpe nur mit ruhigen, ausgeglichenen Pferden in Kontakt kommt. Sie sollten nicht schlagen oder beißen, denn sonst könnte dieses Kennenlernen und Vertrauenfassen nur von kurzer Dauer sein. Meine Freunde und ich haben jedoch auch nervöse Pferde erlebt, die, sobald „ihr" Hund dabei war, zum ruhigsten Pferd wurden. Es ließ sich ruhig putzen und auch auf dem Ausritt reagierte es wesentlich gelassener auf die Umwelt.

Ein ausgewachsener Parson Jack Russell Terrier kann ebenfalls noch mit viel Ruhe und Geduld zum Pferdebegleithund ausgebildet werden. Ein verantwortungsbewusster Reiter und Hundebesitzer wird aber erst ins Gelände gehen, wenn Pferd und Hund eine Einheit bilden und beide in jeder Situation an den Hilfen stehen bzw. gehorchen. Nichts ist schlimmer, als ein durchgehendes Pferd oder ein Hund, der Spaziergänger belästigt. Gerade damit müssen Sie beim Parson Jack Russell Terrier nicht rechnen. Er besitzt keinerlei Aggressionen den Menschen gegenüber, wird also nicht laut kläffend auf Spazier-

Nach ersten gemeinsamen Spaziergängen und Training in der Halle ...

... klappt dann auch der gemeinsame Ausritt. (Fotos: Gaby Abels)

gänger zustürzen und sie ängstigen. Der einzige wirkliche Schwachpunkt beim Parson Jack Russell Terrier ist sein ausgeprägter Jagdinstinkt, den es gilt, in den Griff zu bekommen. Ist dies geschafft, so hat der Parson Jack Russell gegenüber anderen Rassen, die als Pferdebegleithund bereits Mode sind, sogar einen großen Vorteil: Er besitzt keinen Hütetrieb. Das heißt, er versucht niemals Pferde oder Kühe zusammenzutreiben. Er läuft nicht dem Pferd hinterher, um es etwa in die Beine zu zwicken. Dadurch ist er vom Pferd aus wesentlich besser zu lenken, und die größte Gefahr beim gemeinsamen Ausritt ist gebannt, nämlich, dass der Hund hinter das Pferd kommt, ihm zu nahe kommt, und das Pferd instinktmäßig auf einen möglichen Angreifer reagiert und ausschlägt.

In einigen Reitvereinen gibt es bereits Kurse, die sich mit dem Thema Pferdebegleithund theoretisch und praktisch beschäftigen, und es gibt Fachbücher zu diesem Thema. Auch der Zubehörhandel hat bereits auf dieses neue Gebiet reagiert. Es gibt Leinen, die man in Gefahrensituationen schnell vom Pferd aus lösen kann.

Wer den PJRT schon einmal als Reitbegleithund erlebt hat, wird mir Recht geben: Es gibt nichts Besseres, als sich in seiner Freizeit aufs Pferd zu setzen, seinen Hund zu rufen und mit beiden ins Gelände zu gehen!

Wettrennen ist kein Sport, der nur Windhunden einen Riesenspaß macht. (Foto Gaby Abels)

Coursing

Bei diesem Sport können Hunde ihren natürlichen Hetztrieb ausleben, ohne mit dem Gesetz in Konflikt zu geraten. Der Hetztrieb liegt nicht nur Windhunden im Blut. Beim Coursing wird den Hunden die Jagd auf ein künstliches Objekt beigebracht, so dass sie ihre natürliche Lauffreudigkeit ausleben und ihrem Bewegungsdrang gerecht werden können. Die Hunde laufen aus eigenem Antrieb und mit Begeisterung. Und da sie sich artgerecht ausarbeiten können, werden sie weder aggressiv noch depressiv.

Coursing wird oft auf Parson Jack Russell Terrier-Treffen oder von Vereinen angeboten.

Meine Hunde lieben das Coursing und verspüren keinen Hetzdrang, wenn wir beim Spazierengehen einem Hasen über den Weg laufen.

Rettungshundearbeit

Dem Traum von einem geeigneten Hund, den man überallhin mitnehmen könnte und der robust genug sei, um einige Strapazen wegzustecken, kommt der Charakter des PJRT sehr entgegen. Besser als Martin Haller kann man ihn wohl gar nicht beschreiben: „Besonders hervorzuheben ist sein munteres Wesen und seine Anpassungsfähigkeit. Ein Russell nimmt nichts übel, ist ‚immer dabei' und in jeder Situation ein angenehmer Begleiter. Er will aber auch beachtet werden, steht gerne im Mittelpunkt und braucht ständige Zuwendung." Bleibt diese Aufmerksamkeit aus, wird er zu Taten schreiten – nicht immer im Sinne des Besitzers.

Daher muss von Anfang an klar sein, dass ein Hund mit solch guten Anlagen wie ein PJRT unbedingt eine sein ganzes Wesen fördernde Beschäftigung braucht, etwa bei der Jagd und Reiterei, durch Hundesport wie Fährten und Agility – oder ein Training mit ernstem Hintergrund, das von Hund und Mensch maximale Leistung fordert und durch diese konzentrierte Arbeit beide als Team zusammenführt: die Rettungshundearbeit, kein Sport, sondern eine Aufgabe, die die investierten Mühen vor allem durch eine ganz besondere Bindung zwischen dem Hund und seinem Handler entlohnt.

Idemo by Windrush ist mit 32 cm Schulterhöhe der kleinste international geprüfte Rettungshund. In drei Erdbebeneinsätzen 1999 in den Gebieten Adapazari/Gölzük (TR), Athen (GR) und Kaynarca (TR) sowie zahlreichen nationalen Anforderungen hat sich das Zusammenwirken von Teams mit unterschiedlichen Hunden bewährt. (Foto: Carsten Koall, Bonn)

Die Aufgaben eines Rettungshundes sind vielfältig. Regional stellen sich Flächen- und Trümmerlagen unterschiedlich dar. Sie erfordern zunächst ein schnelles Absuchen des Geländes, aber auch die Reaktion auf feine Luftströmungen, die der Hund möglicherweise nur registrieren kann, wenn er

„broken-coated" beschreibt Dan Russell als „[best] kind of all-weather coat". Unbeschadet bewältigt Idemo die Strapazen einer 250 km langen Fahrt bei Temperaturen um 0 °C auf offenem Lkw im November 1999 ... (Foto: Detlef Kühn, Berlin)

dicht genug an die Austrittsstelle vordringt und Witterung detektiert. Dem wird das Allroundtalent durch die Grobsuche einerseits und die Feinsuche andererseits gerecht; genauso bei der Wassersuche vom Ufer oder von einem flachen Boot aus.

Unabdingbare Voraussetzung ist jedoch die Verständigung zwischen Hund und Mensch, der die Lage einschätzen und seinen Partner entsprechend leiten können muss. Der erste Schritt hierzu ist ein Grundgehorsamstraining, das durch eine Begleithundeprüfung dokumentiert wird.

Seine Eigenschaften, die den Parson Jack Russell Terrier für die Jagd auszeichnen, sind auch für eine Rettungshundeausbildung eine gute Grundlage. Wesentlich ist die Bindung zum Menschen, „a friendly, inquisitive personality, a strong play drive and a sound physical structure" wie es die American Rescue Dog Association so punktgenau beschreibt.

Soll der PJRT bei der Baujagd seine Beute, alle Hindernisse überwindend, aufsuchen und dann ohne anzugreifen anhaltend verbellen, geschieht bei der Flächen- und Trümmersuche eines Rettungshundes im Grunde nichts anderes. Hier läuft der Russell trittsicher über ungewohnten Untergrund, um schließlich den Austritt von menschlicher Witterung durch Scharren, Eindringen und lautes Bellen anzuzeigen. Die ihm eigene Grabfreudigkeit begünstigt, den Ort des Witterungsaustrittes verschütteter Opfer möglichst genau zu erkennen; und nicht zuletzt seine in Relation zu seiner Körpergröße tiefe, gut hörbare Stimme erweist sich als vorteilhaft, denn dieser kleine, flinke Terrier verschwindet bei dem Versuch, möglichst dicht an ein Opfer heranzukommen, schon selbst mal für den Hundeführer unsichtbar in den Trümmern.

Dabei zeigt er viel Ausdauer – physischer wie psychischer Art: sei es beim Stöbern, das sicherlich einige körperliche Kondition verlangt (erinnert sei an die

Frage, inwieweit der PJRT bei der Parforce-Jagd mithalten könne); sei es bei der Anzeige selbst.

Zugute kommt ihm auch, wie schon bei der Arbeit unter der Erde, die Fähigkeit zu selbstständigem, aber (bei entsprechender Erziehung) immer leitbarem Arbeiten. Seine gute Nase erleichtert ihm die Suche im Bau oder in Trümmern, wo die Witterungsaufnahme z. B. durch ungewohnte Luftpartikel oder -zirkulation erschwert sein kann. Auch in völliger Dunkelheit, Enge, bei ungewohnten Geräuschen oder Nässe stellt er seine Qualitäten unter Beweis.

Bei all seinem Ehrgeiz und seiner ungebremsten Wendigkeit, die ihn gerade zu Beginn der Ausbildung leicht zu wackligen Klettereien in ungezügeltem Tempo ermuntern, schützt ihn seine robuste Natur und sein hartes Fell vor manchen Verletzungen, ehe endlich auch ihm das Kommando „laaangsam" ein Begriff ist.

Zum Schluss sei noch eine ganz persönliche Vorliebe erwähnt: die bei der Suche immer aufgeregt wedelnde Rute, deren Anblick den Beobachter beim „Lesen" des Hundes gleich in freundliche Stimmung versetzt!

„Es gibt keine schlechten Terrier, nur schlechte Terrier-Führer!"[1]

Ein Rettungshundeteam besteht immer aus einem Hund und seinem Führer – und nur allzu oft ist der Hund nicht nur bei der „Fuß!"-Übung ein paar Schritte voraus. So ist die Suche ein langwieriger Erfahrungsprozess für Hund und Mensch, bei dem der Hundeführer lernen muss, seinen Partner gezielt und kräftesparend einzusetzen und in seinen Reaktionen zu „lesen", d. h. die Palette seiner Verhaltensweisen zu deuten. Sie basiert auf einer soliden Grundausbildung, und auch hier gilt: Das schwache Glied im Team ist meist der Hundeführer. Beim Gehorsamstraining übt der Mensch (!) seine Disziplin.

So gesehen, muss auch der Mensch im Team einiges an Ausdauer, Idealismus und Lernbereitschaft mitbringen. Zudem gehören natürlich auch theoretische

... und im August bei 35–50 °C, 5. Einsatztag, vor seiner wohlverdienten Pause. In Zusammenarbeit mit russischen Helfern wird Statik und Luftzirkulation am vom Hund angezeigten Witterungsaustritt geprüft. (Foto: Carsten Koall, Bonn)

[1] Martin Haller, nach englischer Vorlage von Plummer

Die Kunst des Handelns: Um Leben zwischen den Toten herauszufiltern, wird der Rettungshund vor jeder Suche neu motiviert. Die individuelle Verständigung mit dem Hund ermöglicht auch über Stunden eine konzentrierte Arbeit. Hohlräume, Klima – und fehlender Leichengeruch! – sprechen für gute Überlebenschancen der Verschütteten. (Foto: Carsten Koalla, Bonn)

Grundkenntnisse über Eigensicherung sowie Erste Hilfe an Mensch und Hund mit Grundlagen der Technischen Rettung, Einsatztaktiken, Karten-, Kompass- und Trümmerkunde, Funkunterweisung etc. ins Ausbildungsprogramm.

Während Internationalen Meisterschaften können Erfahrungen ausgetauscht, Teams und Methoden eingeschätzt werden. Die Teilnehmer können ihren Leistungsstand in den Disziplinen Nasenarbeit (der Sparten Fährte, Fläche oder Trümmer), Unterordnung und Gewandtheit überprüfen; das Rettungshundeteam muss nach der Internationalen Prüfungsordnung in allen drei Abteilungen gute Leistungen zeigen. Der PJRT hat bewiesen, dass er konstitutionell und konditionell in der Lage ist, die in der IPO-R festgelegten, für alle Hunde unabhängig von ihrer Größe gleichen Anforderungen zu erfüllen.

Letztendlich interessiert in der Rettungshunde-Arbeit nicht, welcher Hund welcher Rasse eingesetzt wird, sondern nur, dass eine Aufgabe gemeinsam bewältigt werden kann. Dem Freund des Russells sollte sie aber das Potenzial aufzeigen, das in dieser zur Zeit sehr populären Rasse steckt: welche Verantwortung für den Halter!

Jagdliche Prüfungen

Zweck der jagdlichen Prüfung ist es, einen Hund auf seine zukünftige Arbeit als Jagdgebrauchshund vorzubereiten. Jagdliche Leistungszüchter werden immer bestrebt sein, das jagdliche Erbe ihrer Rasse zu erhalten und zu dokumentieren.

Parson Jack Russell Terrier werden zur Jagd auf Füchse und Dachse im Naturbau eingesetzt; zur Schweißarbeit, das heißt zur Nachsuche auf angeschossenes Schalenwild; zur Jagd auf Schwarzwild; zur

Wasserarbeit, zum Stöbern auf Niederwild und Hochwild.

Für alle diese jagdlichen Einsätze muss man Jäger mit einem gültigen Jagdschein sein. Und nur Hundebesitzer mit diesem Jagdschein dürfen mit ihrem Jagdgebrauchshund eine Junghundprüfung (als Anlageprüfung), die Bauprüfung (für die Jagd unter Tage), die Schweißprüfung, die Gebrauchsprüfung und die Zuchtprüfung ablegen.

Eine genaue Beschreibung der Prüfungen und der Voraussetzungen erhalten Sie bei der Landesjägerschaft oder dem Jagd-Gebrauchshunde Verband (JGHV).

Jugendarbeit

In vielen Hundevereinen wird heute schon aktiv Jugendarbeit geleistet und gefördert, denn gemeinsamer Sport oder auch nur der richtige Umgang mit einem Hund ist schließlich nichts, was nur Erwachsenen vorbehalten ist. Beim Turniersport habe ich bereits Canine Cross erwähnt, es gibt auch Geschicklichkeits-Turniere, Kids Meeting genannt, die ausschließlich jungen Hundesportlern vorbehalten sind.

Juniorhandling ist für junge Hundefreunde die Vorbereitung auf das spätere Vorführen von Hunden auf Ausstellungen. Es bietet Jugendlichen, die interessiert sind, die Möglichkeit, auf spielerische Art, im freundschaftlichen und sportlichen Wettbewerb, den Umgang mit Hunden verschiedener Rassen im Ring zu erlernen und zu üben.

Zum Training von Agility werden Jugend-Wochenenden angeboten, d. h. zwei Tage intensives Training mit einem Ausbilder und am Abschlusstag ein richtiges Turnier.

Jugendarbeit mit Hunden fördert und erfordert Verständnis, Verantwortungsbewusstsein und Einfühlungsvermögen. Wettbewerbe jeglicher Art tragen dazu bei, dass die Jugendlichen fairer, disziplinierter und rücksichtsvoller untereinander mit sich umgehen. Hier lernen sie auch zu verlieren und sportlich Leistungen anderer anzuerkennen.

Wenn Ihre Tochter oder Ihr Sohn starkes Interesse an der Jugendarbeit hat, fördern Sie Ihr Kind. Setzen Sie es aber nicht unter Druck, denn dann verliert es das Interesse am Hund und an der Jugendarbeit.

Verhaltens-probleme

Zu Verhaltensproblemen sollte man es als Hundebesitzer bei seinem Hund erst gar nicht kommen lassen. Bei allem guten Willen aber treten sie trotzdem manchmal auf. Auslöser können Veränderungen in seinem Tagesablauf, in seiner Umgebung sein, auch familiäre Spannungen, Umwelteinflüsse oder angeeignete Verhaltensmuster. Hinter einem plötzlich veränderten, schwierigen Verhalten kann sich auch eine Krankheit verbergen, die noch nicht offen sichtbar ist. Eine Kontrolle beim Tierarzt ist deshalb immer gut. Ist dessen Diagnose „kerngesund", dann beginnt das Suchen in der anderen Richtung. Manchmal mit völlig unerwartetem Ergebnis: Vor nicht allzu langer Zeit zogen mein Mann, die Hunde und ich in ein größeres Haus auf dem Lande. Unsere Hündin „Daphne", konnte es am Anfang überhaupt nicht verkraften, dass sie nun nicht mehr in unserem kleinen Häuschen lebte, mit dem kleinen Garten. Sie lag tagelang depressiv in ihrem Körbchen und wollte dieses einfach nicht verlassen. Am Anfang dachten wir uns, wenn wir noch mal zum kleinen Haus mussten, nehmen wir Daphne einfach wieder mit. Vielleicht bessert sich ja dann der Trennungsschmerz vom alten Haus. Hier hatten wir aber falsch gedacht. Daphnes Trennungsschmerz wurde immer schlimmer. Daraufhin haben wir Daphne nicht mehr mit zum alten Haus genommen und sind auch nicht mehr mit ihr in der alten Umgebung spazieren gegangen. Nach ca. 6 Wochen hatte sich das Problem gelöst, Daphne ist wieder munter, wie früher und liebt es, über die Felder spazieren zu gehen.

Wer sich zwei Welpen ins Haus nimmt, weil die Zeit für einen Hund knapp ist, irrt sich ganz gewaltig: Zwei Hunde erfordern auch doppelt so viel Zeit! (Foto: Gaby Abels)

Die beiden wohl häufigsten Verhaltensprobleme aber sind Langeweile und Aggression. Beide sind nicht auf den Parson Jack Russell Terrier beschränkt, sondern können bei jeder Hunderasse auftreten. Es reagiert nur nicht jeder Hund wie ein PJRT.

Langeweile

Viele Hundebesitzer sind der Meinung, ein Hund verschläft den größten Teil des Tages, spielt mit seinem Besitzer oder Artgenossen etwas, frisst und schläft wieder. Das mag ja auch ab und an mal zutreffen, wenn diese Hunde von ihren Besitzern geliebt und beachtet werden. Diese Hunde sind zufrieden und verbummeln so den Tag. Mit einem Parson Jack Russell wird Ihnen das kaum passieren, denn er liebt Abwechslung und „action", und das zeigt er auf seine Art. Ein gelangweilter PJRT setzt schnell seine Zähne ein, um seinen Frust an irgendetwas im Haus auszulassen, ganz so, als hätte er den Sponti-Spruch erfunden „Mach kaputt, was dich kaputt macht!" Wie vielen anderen Hunden reicht es dem Parson Jack Russell auch nicht, nur in den großen Garten geschickt zu werden, so nach dem Motto: „Beschäftige dich alleine, der Garten ist ja groß genug." Das wird kaum länger als ein paar Tage akzeptiert, und dann nicht mehr. Der Hund sieht Fußgänger, Fahrräder, Fahrzeuge und andere Hunde am Zaun vorbeiziehen und, weil er sonst nichts zu tun hat, beginnt er am Zaun hin- und herzurennen, seinen Garten zu verteidigen, und alles anzubellen, was sich draußen bewegt. Gegen Frust drinnen und draußen hilft beim PJRT nur viel Bewegung und Beschäftigung. Machen Sie ausgiebige Spaziergänge mit Ihrem Hund, oder überlegen Sie, welche Sportart für Sie gemeinsam in Frage kommt, wo der Hund seine überschüssige Energie abbauen kann.

Denken Sie sich etwas aus, wo der Hund „mitarbeiten" kann, das mag der PJRT gerne. Und wenn es Sie nicht stört, dass ein Teil des Gartens dem Hund zur Verfügung steht, dann zeigen Sie ihm, wo er nach Herzenslust buddeln darf. Manchmal hilft es auf die Schnelle, wenn man seinem Hund viel Kaumaterial zur Verfügung stellt, und wenn in der Wohnung ständig Musik läuft, was dem Hund das Gefühl gibt, nicht so alleine zu sein. Auch ein zweiter Hund im Haus kann Wunder wirken, denn die zwei können miteinander spielen und toben. Aber Vorsicht: Wenn Sie eigentlich schon viel zu wenig Zeit für einen Hund haben, langweilen sich nachher vielleicht zwei zu Hause. Und zwei frustrierte Hunde machen mehr als doppelt so viel kaputt wie einer.

Aggressionen

Viele Gründe können dafür ausschlaggebend sein, warum ein Hund wütend wird. Erlebte Misshandlungen, Angst oder auch ein unsachgemäßer Umgang können einen Hund zubeißen lassen. Es gibt ja Hundebesitzer, die sich freuen, wenn ihr Hund sich nichts gefallen lässt, und zu grob beim Spielen ist. Dabei kann der Hund einfach mal zuschnappen. Wer sich darüber amüsiert, oder es sogar toll findet, fordert und fördert dominantes und aggressives Verhalten von seinem Hund. Die richtige Antwort auf Knurren und Schnappen ist der sofortige Abbruch des Spiels und ein strenges und lautes „NEIN!". Der Hund muss spüren, dass Sie dieses Verhalten nicht tolerieren, dass er das nicht noch einmal machen darf. Andererseits ist es kein Grund, den Hund zusammenzubrüllen, ihn „fertigzumachen". Seien Sie streng, aber nicht dominant zu Ihrem Hund.

Ganz wichtig: Eine Ermahnung wirkt nur, wenn sie sofort erfolgt. Reagieren Sie sofort, wenn der Hund sich zu sehr aufspielt, auch wenn Sie eventuell gerade zu sehr beschäftigt sind. Und bestrafen Sie Ihren knurrenden Hund nie durch einen Klaps, denn das kann das Problem nur verschlimmern: Beim nächsten Mal wird er aus Angst vor dem Klaps sicherlich zubeißen. Die beste Vorbeugung gegen zu große Dominanz ist eine entsprechende Erziehung. Hier empfehle ich Ihnen, von vornherein eine Hundeschule oder einen Verein mit vorhandenem Hundeplatz zu besuchen. Beginnen Sie im Welpenalter mit einem Welpenkurs, bei dem Ihr Hund andere Welpen verschiedener Größen und Rassen, aber auch andere Menschen kennen lernt, die ihm auch Grenzen setzen.

Wo bekomme ich Hilfe?

Langeweile und andere kleinere Schwierigkeiten lassen sich vom Hundehalter leicht abstellen. Bei schweren Verhaltensproblemen und anhaltenden Auffälligkeiten ist es unumgänglich, professionelle Hilfe in Anspruch zu nehmen. Sie sollten nicht zögern, sich an einen Hundetrainer, Tierarzt oder einen Hundepsychologen zu wenden. Erwarten Sie bitte keine schnellen Wunder. Die Behandlung ist oft langwierig und erfordert wirklich sehr viel Geduld.

Gepflegt von Kopf bis Kralle

Ein ungetrimmtes Fell ist nicht mehr wasserdicht! (Foto: Gaby Abels)

Was die Pflege betrifft, kann man mit gutem Gewissen sagen, dass der PJRT relativ anspruchslos ist. Am deutlichsten wird das bei einem Schlechtwetter-Spaziergang. Kommt der Hund total nass und verschmutzt von draußen rein, greift man einfach ein Handtuch und rubbelt ihn ab. Schon hat man wieder einen sauberen Hund.

Fellpflege

Der rauhaarige Parson Jack Russell sollte einmal in der Woche mit einer so genannten Zupfbürste, und die glatthaarigen mit einem sehr feinen Kamm (am besten einem Flohkamm) durchgekämmt werden. Nicht jeder Hund mag das, aber wer schon als Welpe daran gewöhnt wurde,

Ein perfekt getrimmter Hund. (Foto: Kai Terrahe)

empfindet dieses Kämmen oft als sehr angenehm. Während des Fellwechsels sollte man den Rauhaarigen mehrmals in der Woche kämmen, und den Glatthaarigen täglich mit einem Gumminoppenhandschuh durcharbeiten, da seine Haare sehr hartnäckig sind.

Für menschliche Mitbewohner empfiehlt es sich, in dieser Zeit keine schwarze oder flanellartige Kleidung bzw. Fleece zu tragen, sonst bleibt nur noch der Griff zum Paketklebeband als „Fusselbürste".

Trimmen (Frisieren)

Ein rauhaariger Parson Jack Russell Terrier muss vier- bis fünfmal im Jahr getrimmt werden, damit er eine optimale Felldichte behält und natürlich gepflegt aussieht. Trimmen heißt, dass dem Hund das so genannte tote oder auch reife Haar ausgezupft wird. Man benutzt hierfür die Finger oder ein stumpfes Trimm-Messer. Am besten lassen Sie sich vom Züchter zeigen, wie das Trimmen funktioniert. Danach

Während des Zahnwechsels haben junge Hunde ein besonders starkes Kau-Bedürfnis. Da bieten sich kalorienfreie Büffelhautstangen an. (Foto: Ulrike Schanz)

können Sie für sich selbst entscheiden, ob Sie Ihren Hund selber trimmen, oder es einem Fachmann/einer Fachfrau überlassen. Ich möchte Ihnen nur einen Tipp geben: Wenn Sie Ihren Parson Jack Russell Terrier trimmen lassen wollen, dann gehen Sie unbedingt zu einem Terriertrimmer. Der weiß, wie man diese Rasse trimmt und verwandelt ihn nicht in einen Foxterrier.

Viele Hundebesitzer mit rauhaarigen Parson Jack Russell Terriern lieben das strubbelige, lange Fell und halten überhaupt nichts vom Trimmen. Sie übersehen dabei, dass das Trimmen eine wichtige Funktion für die Felldichte hat. Ob ein PJRT mit langem Fell ungepflegt aussieht oder nicht, darüber kann man vielleicht noch verschiedener Meinung sein, aber es ist auf keinen Fall gut für seine Gesundheit. Bei Regen, Schnee und stürmischem Wetter wird der Hund bis auf die Haut nass, weil bei dem langen Haar die Unterwolle mit dem Deckhaar verwachsen ist, und das Fell klappt überall, wie gescheitelt, auseinander. Den gleichen negativen Effekt erzielt, wer seinen Parson Jack Russell mit der Schermaschine „frisiert", statt ihn zu trimmen.

Glatthaarige Hunde müssen nicht getrimmt werden. Nur die Halskrause sollte ab und zu mit einer Effilierschere kürzer geschnitten werden, und die so genannte Fahne an der Rute sollte auch abgeschnitten werden.

Zahnpflege

Parson Jack Russell Terrier leiden leider oft an Zahnstein. Dem kann man heute durch Zähneputzen vorbeugen, und man fängt am besten beim Junghund damit an. Ich persönlich putze mit meinen Hunden nicht täglich die Zähne, aber wenn wir es machen (so einmal in der Woche), wird es immer ein Vergnügen für unsere Hunde. Wir haben uns einige Kinderzahnbürsten und eine spezielle Hundezahnpasta beim Tierarzt gekauft, die nach Geflügel schmeckt. Die Hunde und ich gehen in das große Badezimmer und während ich die erste Zahnbürste vorbereite, schauen mir alle sehr interessiert zu. Dem ersten werden die Zähne geputzt, ohne dass er sich weigert. Der nächste folgt, und der erste steht schon wieder da und will seine Zähne noch einmal geputzt bekommen. Ich denke mal, das liegt an der gutschmeckenden Zahnpasta.

Andere Möglichkeiten Zahnstein vorzubeugen, sind Kauknochen, Kaustrips mit Fluor, hartes Brot, Zahnspray oder zahneigenes Spezialfutter. Hat ein Hund bereits starken Zahnstein, kann der nur noch vom Tierarzt entfernt werden.

Baden

Gerade Jagdhunde haben den angeborenen Drang, ihren Eigengeruch zu tarnen, und das klappt am besten durch Wälzen in Kot oder Aas. Dann kommt man um ein Duschbad mit einem speziellen Hundeshampoo nicht herum. Im Urlaub, nach Toben und Schwimmen in Meerwasser ist hinterher auch eine Süßwasserdusche angesagt. Ansonsten ist es unnötig seinen Hund zu baden. Auch vor Ausstellungen sollte man es nicht tun, da sonst das Fell des PJRT zu weich wird.

Regelmässige Kontrollen

Beim wöchentlichen Pflegen Ihres Parson Jack Russell Terrier sollten Sie möglichst seinen ganzen Körper überprüfen, ob wirklich alles in Ordnung ist.

Kontrollieren Sie die Ohren, ob sie schmutzig sind. Zum Reinigen benutzen Sie bitte eine spezielle Reinigungsflüssigkeit (vom Tierarzt). Träufeln Sie etwas davon ins Ohr, kneten Sie das Ohr an seiner Wurzel durch, lassen Sie den Hund kräftig seinen Kopf schütteln und wischen Sie den äußeren Bereich vom Ohr mit einem weichen Papiertuch aus. Auf keinen Fall dürfen für die Ohrreinigung Wattestäbchen benutzt werden!

Die Augen sollten nicht tränen oder verschmiert sein. Reinigen Sie die Augen vorsichtig mit klarem Wasser und einem weichen Tuch. Sollte das Auge nach der Reinigung immer noch tränen, stellen Sie Ihren Parson Jack Russell Terrier lieber bei einem Tierarzt vor, es könnte eine Bindehautentzündung sein.

Kontrollieren Sie auch die Krallen. Sind sie zu lang und müssen geschnitten werden, oder hat Ihr Hund die Krallen beim Spazierengehen schön runtergelaufen? Die Daumenkrallen müssen auch ständig überprüft werden. Wenn sie zu lang werden, können sie in die Pfote wachsen. Lassen Sie das erste Mal die Krallen am besten von Ihrem Züchter, Hundetrimmer oder Tierarzt kürzen, denn gerade bei dunkel pigmentierten Krallen sieht man die Blutgefäße kaum. Lassen Sie sich auch beraten, welche Krallenschere am besten zu Ihrem Hund passt.

Wann sollte man zum Tierarzt gehen?

Sollten Sie bei Ihrem Parson Jack Russell Terrier irgendwelche Veränderungen feststellen, zögern Sie nicht und konsultieren Sie lieber einmal zu viel als einmal zu wenig den Tierarzt.

Hat Ihr Parson Jack Russell Terrier plötzlich eine Verhaltensveränderung, frisst er nicht, ist er apathisch, hat er Durchfall oder Erbrechen, trinkt er sehr viel mehr als sonst, hustet er, riecht er übel aus dem Maul, hat er ein verschmutztes, übel riechendes Ohr, lahmt er, oder hat er vielleicht eine Verletzung?

Das sind alles Anzeichen, die einen Tierarztbesuch erforderlich machen.

Der Tierarzt wird Sie sicherlich gleich fragen, ob er Fieber hat, bzw. ob Sie die Temperatur beim Hund gemessen haben. Das sollten Sie noch zu Hause tun. Die Körpertemperatur bei einem gesunden Hund liegt bei 37,5° bis 39°C, also etwas höher als beim Menschen, und Fieber beginnt erst bei 39°C.

Gesunde Ernährung

Ein wichtiger Faktor für ein langes und gesundes Leben ist eine gute und nährstoffreiche Nahrung.

Hochwertiges Trockenfutter ist wohl eine sehr gute Wahl. Es fördert die Zahnpflege, es ist kostengünstiger als vergleichbares Dosenfutter, und wenn Sie mit Ihrem Hund gemeinsam verreisen, können Sie sein gewohntes Futter gut mit ins Gepäck laden. Preisgünstige Hundenahrung macht sich gerne bei der Darmtätigkeit bemerkbar. Was vorne hineinkommt, kommt hinten meist unverdaut wieder heraus.

Auf jeden Fall sollte ständig ein größerer Napf Wasser für den Hund bereitstehen, denn Trockenfutter quillt erst im Magen auf und macht durstig.

Man kann natürlich auch seinen Vierbeiner selbst bekochen. Es gibt eine ganze Reihe spezieller Kochbücher, die sehr gut durchdacht sind. Wenn Sie selbst kochen, denken Sie bitte auf jeden Fall daran, fehlende Mineralien noch zuzusetzen. Sparen am Futter lohnt sich nicht, es macht sich sehr leicht am Hund bemerkbar.

Ernährung des jungen Hundes

Ein verantwortungsvoller Züchter wird schon vor der Abholung des Welpen bzw. Junghundes mitteilen, was der Hund während der Aufzucht zu fressen bekommen hat. Am Tag der Abholung wird er einen Ernährungsplan mit genauer Angabe von Vorlieben und Abneigungen mitgeben. Man sollte sich auf jeden Fall an diesen Futterplan halten, da eine plötzliche, komplette Futterveränderung zu schwerem Durchfall oder Koliken führen kann. Bei einer Futterumstellung sollte man immer in kleinen Schritten vorgehen, damit der kleine Organismus daran gewöhnt wird.

Welpen im Alter bis zu 12 Wochen sollten viermal täglich gefüttert werden, bis zum Alter von 6 Monaten dreimal täglich, dann noch zweimal täglich.

Das Futter nicht ständig stehen lassen, da der Welpe sich sonst zu einem schlechten Fresser entwickelt.

Mein Tipp:

Lassen Sie das Futter nur ca. 15 Min. stehen. Hat der Welpe dann nicht gefressen, nehmen Sie ihm einfach das Fressen wieder weg.

Direkt nach dem Fressen sollten Hunde möglichst ruhen. Beim Toben droht die Gefahr einer lebensgefährlichen Magendrehung. Ein großer Spaziergang sollte deshalb auch erst eine Stunde nach dem Fressen starten.

Trockenfutter hat gegenüber Dosennahrung viele Vorteile und ist qualitativ ebenso gut. (Foto: Gaby Abels)

Ab einem Jahr

Ab dem Alter von einem Jahr benötigt der Jack Russell nur noch einmal am Tag sein Futter.

Es gibt Hunde, die haben eine innere Futteruhr. Sie geben täglich zur gleichen Zeit Bescheid: „Jetzt habe ich großen Hunger." Diese Uhr „im Bauch" ist schwer wieder abzustellen.

Aktive Hunde benötigen kein Leistungsfutter mit hohem Proteingehalt. Sie können es oft nicht gut verwerten.

Halten Sie sich auch nicht an die empfohlene Futtermenge auf den Hundefutterpackungen. Die richtige Futtermenge für Ihren Hund kann erheblich davon abweichen (meistens liegt sie niedriger). Bei einem normalgewichtigen, schlanken Hund sollten Sie beim Blick auf die Rückenlinie noch eine Taille sehen und beim Abtasten des Brustkorbes deutlich die Rippen fühlen. In der Winterzeit gibt man seinen Hun-

Viele zusätzliche Kekse ergeben (leider auch beim Hund) zusätzliche Kilos auf den Rippen! (Foto: Ulrike Schanz)

den etwas mehr von der gewohnten Nahrung, da meistens ein höherer Bedarf besteht.

Auch bei einem erwachsenen Hund bei jeder Futterumstellung bitte behutsam vorgehen. Das „neue" Futter mit dem „alten" Futter mischen und über mehrere Tage füttern.

Für Senioren

Ab dem Alter von acht Jahren gehört ein Hund zu den Senioren. Darauf sollte auch seine Ernährung abgestimmt werden. Das Futter für einen älteren Hund sollte niedrig im Protein- und Salzgehalt sein.

Es gibt inzwischen im Fachhandel eine

ganze Reihe spezieller Seniorenfutter, welche gut durchdacht sind.

Und nicht vergessen: Futterbelohnungen immer von der täglichen Ration abziehen.

Belohnungshappen / Snacks

Man sollte für sich selbst entscheiden, was man seinem Hund als Extrahappen anbietet. Es kann aber auch mal eine rohe Wurzel sein; etwas Joghurt mit einem Schuss Honig oder ein Stückchen Obst. Egal, was man seinem Hund als Snack anbietet, sollte man darauf achten, dass kein Zucker enthalten ist. Zucker greift die Zähne an und macht dick.

Wasser

Der Wassernapf eines Hundes sollte immer frisch gefüllt sein. Ein ca. 10 Kilogramm schwerer Hund braucht einen halben bis drei viertel Liter Wasser pro Tag. Mehr, wenn er nur Trockenfutter frisst, wenn es heiß ist, oder er sich viel bewegt bzw. hechelt.

Sollte ein Hund ständig sehr viel mehr trinken, kann das ein Hinweis auf ernste Gesundheitsprobleme sein.

Gesundheits-probleme

Patella-Luxation (PL)

Patella-Luxation, auch Kniescheiben-Luxation genannt, ist eine nicht festsitzende und verschiebbare Kniescheibe, die verschiedene Ursachen haben kann. Wenn Ihr Hund zeitweilig auf drei Beinen läuft, ist es ein erkennbares Zeichen, dass hier evtl. eine Patella-Luxation vorhanden ist. In diesem Fall sollten Sie einen Tierarzt konsultieren, auch um feststellen zu lassen, ob es nicht nur eine Unart Ihres Hundes ist.

Eine Patella-Luxation kann für den Hund sehr schmerzhaft sein und zur starken Abnutzung der Kniegelenke und Arthrose führen. Operativ ist dieser Defekt durch verschiedene Methoden korrigierbar.

Taubheit

Taubheit, ob ein- oder beidseitig, kommt beim PJRT gelegentlich vor.

Wenn der Verdacht besteht, dass der Hund evtl. taub ist, sollte man sich an den Verband für das Deutsche Hundewesen (VDH) wenden. Der VDH kann dem Hundebesitzer eine Liste von Tierärzten, bzw. Tierkliniken zukommen lassen, die sich auf Audiometrieuntersuchungen spezialisiert haben und durchführen.

Mit einem tauben Hund sollte auf keinen Fall gezüchtet werden.

Progressive Retina Atrophie (PRA)

Laut tierärztlicher Statistik tritt diese Augenerkrankung beim Parson Jack Russell gelegentlich auf. Sie ist für Augenspezialisten erst ab einem Alter von einem Jahr zu erkennen, da sie erst dann auftreten kann. Diese Augenerkrankung kann zur Erblindung führen.

Zuchthunde sollte man jährlich untersuchen lassen. Mit erkrankten Hunden soll nicht gezüchtet werden.

Einige deutsche Züchter haben ihre Hunde in den letzten Jahren regelmäßig untersuchen lassen und stellten fest, ihre Hunde sind nicht von dieser Augenkrankheit betroffen.

Hodenfehler

Beide Hoden sollten innerhalb der ersten 6–8 Wochen nach der Geburt in den Hodensack absteigen. Wenn dies ein- oder beidseitig unterbleibt, nennt man es Kryptorchismus. Bei dieser Erkrankung empfiehlt es sich, mit dem Tierarzt über eine Kastration nachzudenken, um spätere gesundheitliche Probleme zu vermeiden. Betroffene Hunde erhalten Zuchtverbot.

Gesundheits-vorsorge

Entwurmung

In den ersten acht bis zehn Lebenswochen eines Welpen sollte dieser wöchentlich gegen Haken- und Spulwürmer entwurmt werden, denn sie werden beim Säugen mit der Muttermilch übertragen, weil sie sich gerne in der Muskulatur eines Hundes einkapseln und erst bei Stress aktiv werden.

Ab dem Alter von 12 Wochen entwurmt man in der Regel alle drei Monate, da Würmer auch auf den Menschen übertragen werden können. Aber bitte nur in Absprache mit dem Tierarzt. Eine Kotuntersuchung verschafft Klarheit darüber, ob überhaupt ein Befall vorliegt, und wenn ja, welche Wurmart. Besteht der Verdacht eines Befalls, muss der Hund sofort ein entsprechendes Wurmmittel verabreicht bekommen und diese Prozedur sollte dann nach zwei bis drei Wochen wiederholt werden. Einen erwachsenen Jack Russell Terrier wird der Tierarzt meist mit wechselnden Mitteln entwurmen.

Impfungen

Die erste Schutzimpfung gegen Staupe (S), Hepatitis (H.), Leptospirose(L) und Parvovirose (P) erhält der Welpe mit ca. 8 Wochen noch beim Züchter. Im Alter von zwölf Wochen erfolgt dann die zweite Schutzimpfung, und es wird zum ersten Mal auch gegen Tollwut geimpft. Es gibt auch eine Kombination, die Zwingerhusten mit einschließt. Alle diese Schutzimpfungen müssen jedes Jahr wiederholt werden, denn ein ungeimpfter Hund kann sein Leben lang an den genannten Krankheiten erkranken.

Zecken

Von März bis Oktober ist bei uns Zeckenzeit, da sollte ein Hund nach jedem Spaziergang nach den braunen Blutsaugern abgesucht werden. Meist ist es der Holzbock, der sich von Büschen oder Grashalmen direkt auf den vorbeigehenden Hund fallen lässt. Ein PJRT, der einen Fuchs- oder Dachsbau untersucht, kann auch voller Fuchs- oder Igelzecken wieder herauskommen. Eine Zecke beißt sich in der Haut fest und saugt sich voll mit Blut. Das kann ein gesunder Hund eigentlich verkraften. Aber Zecken können Borreliose und in manchen Gegenden auch die Frühsommermeningitis (FSME) übertragen. Gegen Borreliose gibt es mittlerweile einen Impfstoff für Hunde, und erkrankte Tiere können mit Antibiotika gut behandelt werden. Gegen FSME aber gibt es noch keinen Impfstoff für Hunde und die Heilungschancen erkrankter Tiere sind leider minimal. (Ein Punkt, den man bei seiner Urlaubsplanung bedenken sollte.)

Am sichersten lässt sich eine Zecke mit einer speziellen Zeckenzange aus der Haut drehen, weil man damit fest, aber nicht zu fest zupackt. Ganz wichtig ist, dass der Kopf mit entfernt wird, weil er sonst in der Regel herauseitert. Bitte auf keinen Fall erst Öl, Sekundenkleber oder ähnliche „Hausmittel" auf die Zecke tropfen, um sie zu töten. Das führt nur dazu, dass sie sofort ihren evtl. hochinfektiösen Verdauungssaft in die Wunde abgibt.

Die meisten Präparate zur Floh-Abwehr (siehe dort) wirken auch gegen Zecken.

Flöhe

Beißt Ihr Parson Jack Russell Terrier sich wiederholt hektisch ins Fell oder sitzt da und kratzt sich ständig, ist die Wahrscheinlichkeit, dass er einen oder mehrere Flöhe hat, sehr groß. Am besten nimmt man sich dann einen sehr feinen Flohkamm und kämmt den Hund durch. Bleiben im Flohkamm schwarze Krümel hängen, ist es ein Beweis dafür, dass der Hund tatsächlich befallen ist. Diese schwarzen Krümel sind Flohkot. Nun kämmen Sie den Hund sehr, sehr gründlich mit dem Kamm durch. Denn mit diesem Kamm kann man schon einige Flöhe entfernen. Sie klemmen zwischen den einzelnen Zacken des Kammes. Erwachsene Flöhe sofort zerdrücken.

Nun ist das Problem erkannt, aber noch lange nicht erledigt. Flöhe legen Massen von Eiern, die überall verteilt sind, wo der Hund sich aufgehalten hat. Saugen Sie die ganze Wohnung/das Haus mehrfach gründlich und knoten Sie anschließend den Staubsaugerbeutel in einen Müllsack. Alle Kissen, alle Decken, auf denen der Hund gelegen hat, kommen in die Waschmaschine. Falls noch mehr Tiere im Haushalt leben, müssen die alle auch behandelt werden!

Damit es erst gar nicht zu einer Floh-Invasion kommt, und weil es ja auch Hunde gibt, die eine Flohallergie haben, sollte man vorbeugen. Das altbekannte Floh-

Floh- und Zeckenprophylaxe stimmt man am besten mit dem Tierarzt ab. Er hat wirksame, aber für andere Wesen als Flöhe/Zecken ungefährliche, Mittel. (Foto: Ulrike Schanz)

halsband wirkt mehrere Monate. Außerdem gibt es Sprays und so genannte Spot-on-Präparate beim Tierarzt, die dem Hund einmal im Monat in den Nacken und auf die Schwanzwurzel getupft werden. Alle diese Präparate wirken auch gegen Zecken, müssen gegen Zecken aber öfter angewandt werden.

Der alte Hund

Ab dem achten Lebensjahr gehört ein Hund zu den Senioren.

Wird Ihr Parson Jack Russell Terrier gut ernährt und artgerecht gehalten, kann dieser bis zu fünfzehn Jahre alt werden. Es gibt jedoch noch ältere Tiere, was gar nicht selten vorkommt. Mit dem Altwerden kann das Sehvermögen sowie der Gehörsinn schlechter werden. Hat Ihr Parson Jack Russell Terrier eine farbige Gesichtszeichnung, können dort vermehrt graue Haare um den Fang herum auftreten.

Sie sollten für einen alternden Parson Jack Russell Terrier ebenso viel tun, wie für einen alten Menschen, solange er nicht krank ist, sondern „nur" alt.

In kürzeren Zeiträumen sollten Sie nun den Tierarzt konsultieren. Kleinere Störungen von Herz und Nieren kann man durch eine regelmäßige Untersuchung rasch beseitigen.

Besondere Beachtung sollte man auch auf die Zahnpflege legen (s. Kapitel Pflege). Ihr Hund hat vielleicht schon selbst die Futterration reduziert. Geben Sie ihm aber auf jeden Fall täglich mehrere kleine Rationen. Am besten ernähren Sie ihn jetzt mit einem Seniorenfutter. Dieses Futter enthält alles, was er in dieser Altersstufe braucht.

Die Phasen voller Tatendrang werden kürzer. Ihr Hund möchte nun mehr schlafen und größere Ruhepausen bekommen. Die werden den längeren Spaziergängen meist vorgezogen. Er verlangt jetzt öfter die Nähe ihm vertrauter Menschen und braucht bzw. verlangt mehr Zuwendung.

Ein Parson Jack Russell Terrier ist aber auch im Alter noch zu jeder Schandtat bereit.

Für Sie sollte es eine Selbstverständlichkeit sein, Ihren Hund auch zu pflegen, wenn er krank wird. Es liegt kein Grund vor, sich von seinem Hund zu trennen, wenn er kleine Unpässlichkeiten, längere Heilungsprozesse und dauernde Gene-

Mit den Jahren wird ein Parson Jack Russell etwas ruhiger – aber nie zu einer „Couch-Potatoe".
(Foto: Gaby Abels)

sungszeiten vor sich hat. Ein Parson Jack Russell Terrier verdient es, dass Sie ihm im „Alter" beistehen, für all die Jahre, in denen er Ihnen und Ihrer Familie Freude gebracht hat.

Sollte eine unheilbare Krankheit eintreten, sollten Sie Ihren treuen Freund nicht quälen lassen. Erlösen Sie ihn von seinem Leben. Es ist am besten in der vertrauten Umgebung und nicht in der kalten sterilen Tierarztpraxis.

Lassen Sie Ihren Hund in Ihren Armen sterben, das ist eine sehr gute Möglichkeit, ihm für all seine Treue und Liebe zu danken.

ADRESSEN

DEUTSCHLAND

Verband für das Deutsche Hundewesen (VDH)
Westfalendamm 174
D – 44141 Dortmund
Tel.: 02 31/565 00-0

Klub für Terrier e.V. (KFT)
Schöne Aussicht 9
D – 65451 Kelsterbach/Main
Tel.: 0 61 07/23 65

Parson Jack Russell Terrier Club Deutschland e.V. (PJRTCD)
Sabine Detzen, Buchschachweg 7
D – 88045 Friedrichshafen
Tel.: 0 75 41/94 10 86

ÖSTERREICH

Österreichischer Kynologenverband (ÖKV)
Johann-Teufel-Gasse 8
A – 1238 Wien
Tel.: ++43/(0) 1/88 87 09 20

Österreichischer Club für Terrier
Haymogasse 55/6
A – 1238 Wien
Tel.: ++43/(0) 1/88 73 28

DÄNEMARK

Dansk Kennel Klub (DKK)
Parkvej 1
DK – 2680 Solrod Strand
Tel.: 56 188100

Dansk Terrier Klubs Sekretariat
Hans Egedevej 9
DK – 9800 Hjorring
Tel.: 70203760

SCHWEIZ

Schweizerische Kynologische Gesellschaft (SKG)
Länggasstr. 8
CH – 3012 Bern
Tel.: ++41/ (0) 31/301 58 19

Jack Russell Terrier Club Schweiz
Dr. Jörg Willi
Centralstr. 25
CH – 6210 Susee
Tel.: (++41/ (0) 41/921 72 33

Literaturhinweise

Zur Rasse des Parson Jack Russell Terrier

E. Capman
„Der wahre Jack Russell"
Kynos Verlag

Martin Haller
„Jack Russell Terrier"
Parey Verlag

Brain Plummer
„Jack Russell Terrier"
Kynos Verlag

John Valentine
„Jack Russell Terrier"
Kynos Verlag

Alexandra Daniel
„Jack Russell Terrier"
Falken Verlag

Klub für Terrier
„Der Parson Jack Russell Terrier"
Rasseheft

Mona Huxham
„All about the Jack Russell Terrier"
Pelham Books

Allgemeine Literatur

„So bleibt Ihr Hund gesund"
Bechterverlag

„Die beliebtesten Hundenamen"
Hans-Joachim Schließke
Falken Verlag

„Die schnelle feine Hundeküche"
Dr. Edgar v. Cramm + Eva Bauersfeld
Weltbild Verlag

„Hunde"
Ulrich Klever
Gräfe und Unzer Verlag

„Das Beste für meinen Hund"
Peter Beck
Franck-Kosmos Verlag

Videotipp

„Jack Russell Terrier"
VHS – Kassette
TVP GmbH
Burghofstr. 21, 50226 Frechen